BULLETIN OFFICIEL

DU MINISTÈRE DE LA GUERRE.

ÉDITION MÉTHODIQUE.

JUSTICE MILITAIRE

ÉTABLISSEMENTS PÉNITENTIAIRES

MILITAIRES

TEXTE

Volume arrêté à la date du 1er février 1926

CHARLES-LAVAUZELLE & Cⁱᵉ

Éditeurs militaires

PARIS, Boulevard Saint-Germain, 124

LIMOGES, 62, Avenue Baudin | 53, Rue Stanislas, NANCY

1926

N° 57.

BULLETIN OFFICIEL
DU MINISTÈRE DE LA GUERRE.

ÉDITION MÉTHODIQUE.

JUSTICE MILITAIRE

ÉTABLISSEMENTS PÉNITENTIAIRES

MILITAIRES

TEXTE

Volume arrêté à la date du 1er février 1926

CHARLES-LAVAUZELLE & Cie
Éditeurs militaires
PARIS, Boulevard Saint-Germain, 124
LIMOGES, 62, Avenue Baudin | 53, Rue Stanislas, NANCY

BULLETIN OFFICIEL
DU MINISTÈRE DE LA GUERRE.

ÉDITION MÉTHODIQUE.

JUSTICE MILITAIRE.

ÉTABLISSEMENTS PÉNITENTIAIRES MILITAIRES

Décret portant réorganisation des établissements pénitentiaires militaires.

Paris, le 29 mai 1925.

Le Président de la République française,

Sur le rapport du Président du Conseil, Ministre de la guerre;

Vu l'article 274 du Code de justice militaire;

Vu les règlements du 23 juillet 1856 sur les établissements pénitentiaires et du 20 juin 1863 sur les prisons militaires;

Vu le règlement provisoire du 6 février 1865 sur l'organisation administrative des prisons militaires de l'intérieur;

Vu le décret du 26 février 1900, modifié par les décrets des 2 novembre 1902, 11 mars 1910, 4 février et 30 septembre 1911, 12 octobre 1917 et 16 janvier 1925,

Décrète :

Article 1er. Les établissements pénitentiaires militaires comprennent :

1° Des prisons;

2° Des pénitenciers.

Chaque prison est dirigée, sous l'autorité du commandant d'armes, par un adjudant-chef du service de ia justice militaire qui prend le titre d'agent principal. Exceptionnellement, elle peut être commandée par un officier du grade de capitaine ou de chef de bataillon.

Chaque pénitencier est commandé par un capitaine ou un chef de bataillon.

Les établissements pénitentiaires relèvent directement des gouverneurs militaires ou des généraux commandant les corps d'armée sur le territoire desquels ils sont situés.

L'administration des prisons militaires est confiée à l'agent principal, conformément aux dispositions de la loi du 16 mars 1882 concernant les compagnies et sections formant corps. Celle des pénitenciers est assurée dans les mêmes conditions par le commandant du pénitencier.

Les décrets et règlements intéressant l'administration générale et la comptabilité des corps de troupe sont applicables aux établissements pénitentiaires militaires, sous réserve des dispositions particulières insérées dans l'instruction concernant ces établissements.

Article 2. Les prisons et les pénitenciers reçoivent les condamnés à l'emprisonnement.

Les pénitenciers recevront également jusqu'à nouvel ordre les condamnés à une peine de travaux publics. Ils y seront employés à des travaux d'utilité publique.

Le Ministre de la guerre fixe la répartition des condamnés entre les établissements pénitentiaires ainsi que l'organisation de ces établissements, de manière à y séparer nettement les condamnés des catégories ci-après :

1° Condamnés à une peine de travaux publics.

2° Condamnés à l'emprisonnement :

a) 1re catégorie : condamnés à l'emprisonnement pour crimes et délits purement militaires ou pour délits de droit commun autres que ceux prévus au paragraphe b) ci-après;

b) 2e catégorie : condamnés à l'emprisonnement pour crimes et délits de droit commun de la nature de ceux prévus à l'article 5 de la loi sur le recrutement de l'armée, quelle que soit la durée de la peine encourue. Les condamnés de la 1re catégorie ayant des antécédents judiciaires de la nature de ceux visés au présent paragraphe sont classés dans la 2e catégorie.

Les prisons militaires reçoivent, en outre, les condamnés en cours de transfèrement et les prévenus.

Elles peuvent également, en cas de nécessité, recevoir les inculpés de tout grade sur un ordre écrit du général commandant la circonscription territoriale judiciaire.

Article 3. Le régime pénitentiaire comporte le travail en commun avec obligation du silence pendant le travail et l'isolement nocturne.

En temps de paix, les condamnés ne peuvent être employés sur des chantiers extérieurs.

Article 4. Les militaires incarcérés à titre de prévenus ou d'inculpés ne sont astreints au travail que s'ils en font expressément la demande.

Il en est de même pour les condamnés qui ont formé un pourvoi en cassation, sauf toutefois pour ceux qui auraient été mis à nouveau en prévention de conseil de guerre pendant qu'ils subissaient déjà une peine; dans ce cas, en attendant que la Cour de cassation ait statué sur leur pourvoi, ils sont soumis intégralement au régime pénitentiaire défini par l'article 3 ci-dessus.

Article 5. Les prisons sont aménagées de manière à séparer les condamnés des prévenus et des passagers.

Lorsqu'un établissement détient simultanément des condamnés appartenant à des catégories différentes, ces catégories doivent y être nettement séparées.

Article 6. Il est créé dans les pénitenciers une section spéciale et isolée pour les récidivistes.

Article 7. Les condamnés qui se conduisent bien peuvent être l'objet de propositions de grâce ou de réduction de peine quand ils ont accompli au moins la moitié de la peine qui leur a été infligée soit par jugement, soit par commutation.

Ce délai peut être réduit dans le cas de circonstances exceptionnelles, telles qu'actes de courage, de dévouement, etc... Il peut également être réduit en faveur des condamnés ayant participé effectivement à des opérations militaires sur les théâtres d'opérations extérieurs ou ayant appartenu au cours de la guerre pendant six mois à une unité combattante ou ayant été blessés ou cités ou réformés pour maladie contractée au service.

Article 8. Les détenus ne conservent aucun argent par devers eux. Les sommes qui leur appartiennent ainsi que celles qu'ils peuvent recevoir à n'importe quel titre constituent pour chacun d'eux un fonds particulier qui est déposé dans la caisse de l'établissement et dont il est fait emploi conformément aux dispositions de l'instruction pour l'application du présent décret.

Article 9. Les officiers et les sous-officiers ou assimilés, à solde mensuelle, détenus à titre préventif ou condamnés ayant conservé leur grade, se nourrissent à leurs frais.

Les détenus reçoivent deux repas, l'un le matin, l'autre le soir, dans les conditions fixées par l'instruction.

Ceux dont la conduite est satisfaisante peuvent améliorer leur nourriture par des achats faits au moyen de prélèvements sur leur fonds particulier.

Article 10. Le service des cultes est assuré dans les établissements pénitentiaires militaires en conformité de la loi de séparation de l'Eglise et de l'Etat, suivant les règles fixées par l'instruction précitée.

Article 11. Dans chaque établissement pénitentiaire, il est organisé une école d'enseignement primaire obligatoire pour les condamnés illettrés, sachant seulement lire ou imparfaitement écrire.

Article 12. Pendant les heures de repos et le dimanche ou les jours fériés, des jeux de plein air peuvent être organisés dans la cour des établissements.

Article 13. Les punitions à infliger aux détenus, selon la gravité de leurs fautes, sont :

1° La privation d'achats de vivres supplémentaires;

2° Les corvées hors tour;

3° La privation de préau avec réclusion dans les cellules d'isolement pendant le temps de repos. Cette punition ne peut être infligée pour plus de douze jours;

4° La cellule de correction. Cette punition se subit par périodes de sept jours, séparées par un intervalle de quatre jours, et ne peut être infligée pour plus de quarante jours, c'est-à-dire pour quatre périodes de sept jours.

Pendant les périodes de sept jours, le détenu ne reçoit jamais la soupe du soir et ne reçoit celle du matin que le quatrième jour.

Pendant l'intervalle des quatre jours, le détenu, qui est maintenu en cellule, reçoit tous les jours la soupe du matin et jamais celle du soir.

La ration de pain est toujours donnée aux détenus punis de cellule.

Les détenus punis de cellule ne peuvent obtenir l'autorisation d'améliorer la nourriture réglementaire.

Toute visite de l'extérieur est interdite pour eux.

Tous les détenus, à quelque catégorie qu'ils appartiennent, peuvent, en cas de fureur ou de violence grave susceptible de les rendre dangereux pour eux-mêmes ou pour les autres, recevoir l'imposition des fers de sûreté. Lorsque ce moyen exceptionnel est employé, il en est rendu compte immédiatement au général commandant le corps d'armée.

Article 14. Une instruction ministérielle déterminera les mesures de détail nécessaires pour l'exécution du présent décret.

Article 15. Le décret du 26 février 1900 fixant l'organisation des établissements pénitentiaires est abrogé.

Article 16. Le Président du Conseil, Ministre de la guerre, est chargé de l'exécution du présent décret.

Fait à Paris, le 29 mai 1925.

Gaston DOUMERGUE.

Le Président du Conseil, Ministre de la guerre,
Paul Painlevé.

Instruction sur les établissements pénitentiaires militaires.

.Paris, le 9 novembre 1925.

TITRE I.

ORGANISATION GÉNÉRALE DES ÉTABLISSEMENTS PÉNITENTIAIRES.

CHAPITRE I.

ÉTABLISSEMENTS PÉNITENTIAIRES. — RÉGIME. — RÉPARTITION DES CONDAMNÉS.

Nature des établissements pénitentiaires militaires.

Art. 1er. Les établissements pénitentiaires militaires comprennent :

1° Les prisons;
2° Les pénitenciers.

Classification des détenus.

Art. 2. Les établissements pénitentiaires ne reçoivent que des militaires condamnés à des peines ne les ayant pas exclus de l'armée.

Les prisons reçoivent :

1° Les condamnés à une peine de prison, classés dans la 1re catégorie par application des dispositions de l'article 2 du décret du 29 mai 1925, n'ayant à subir à la date à laquelle le jugement est devenu définitif qu'une peine ou un reliquat de peine d'un an au maximum;

2° Les condamnés à une peine de prison, classés dans la 2e catégorie, conformément au tableau de répartition annexé à la présente instruction;

3° Les militaires pour lesquels une information judiciaire est ouverte;

4° Exceptionnellement, et sur l'ordre du général chef de la justice militaire territoriale seulement, les militaires inculpés d'une infraction dont la gravité nécessiterait la mise en sûreté même avant l'ouverture de l'information judiciaire. Pendant leur séjour dans un établissement pénitentiaire, ces militaires sont traités dans les mêmes conditions que ceux prévus au paragraphe 3 ci-dessus.

Les pénitenciers reçoivent :

1° Les condamnés à une peine de travaux publics;

2° Les condamnés à une peine d'emprisonnement, classés dans la 1re catégorie, ayant à subir à la date à laquelle le jugement est devenu définitif une peine ou un reliquat de peine supérieur à un an;

3° Les condamnés à une peine de prison, classés dans la 2e catégorie, conformément au tableau de répartition annexé à la présente instruction.

La répartition des détenus entre les divers établissements est effectuée par le général commandant le corps d'armée, conformément aux indications du tableau de répartition annexé à la présente instruction.

La destination pénale des officiers condamnés est fixée par le Ministre sur proposition du général commandant le corps d'armée intéressé.

Après l'écrou, les changements individuels d'établissement concernant les condamnés ne peuvent être prononcés que par le Ministre.

Lorsqu'un établissement détient simultanément des condamnés de catégories différentes, ces catégories doivent y être nettement et constamment séparées. De même, les condamnés doivent toujours être séparés des prévenus et des passagers.

Dans les villes siège de conseil de guerre où il n'existe pas de prison militaire, les prévenus militaires non laissés en liberté provisoire sont incarcérés à la maison d'arrêt civile.

Régime pénitentiaire.

Art. 3. A l'égard des condamnés, le régime pénitentiaire comporte le travail en commun avec obligation du silence pendant le travail et l'isolement nocturne.

Les militaires condamnés à une peine de travaux publics sont employés à des travaux d'utilité publique.

Les militaires détenus à titre préventif sont soumis à un régime distinct, comportant toutes les facilités nécessaires pour qu'ils puissent préparer leur défense; ils ne participent que sur leur demande au travail pénitentiaire, mais ils prennent part aux corvées de l'établissement.

Le rapporteur aura le droit de prescrire l'interdiction de communiquer pour une période de dix jours; il pourra la renouveler, mais seulement pour une nouvellé période de dix jours. En aucun cas, l'interdiction de communiquer ne saurait s'appliquer au conseil de l'inculpé.

En ce qui concerne les prévenus, le gouverneur militaire ou le général chef de la justice militaire, prescrit, soit d'office, soit sur la demande du rapporteur, qu'ils soient constamment isolés si les circonstances, l'inculpation ou les faits révélés par l'instruction en font apparaître la nécessité; il donne toutes indications utiles sur les précautions spéciales qui pourraient s'imposer à l'égard de certains d'entre eux.

Lorsque des condamnés sont mis à nouveau en prévention de conseil de guerre, le régime des condamnés continue à leur être appliqué. Ils sont toutefois isolés pour éviter tout contact avec les autres détenus.

Le régime des prévenus incarcérés dans les maisons d'arrêt civiles fait l'objet d'une entente entre les Départements de la guerre et de la justice.

CHAPITRE II.

COMMANDEMENT SUPÉRIEUR. — SURVEILLANCE ET ADMINISTRATION DES ÉTABLISSEMENTS PÉNITENTIAIRES.

Autorités dont relèvent les établissements pénitentiaires.

Art. 4. Les établissements pénitentiaires militaires relèvent directement des gouverneurs militaires ou des commandants de corps d'armée du territoire sur lequel ils sont situés.

Les commandants d'armes exercent sur lesdits établissements les attributions qui leur sont conférées par le décret portant règlement sur le service de place et celles qui résultent des divers articles de la présente instruction.

Surveillance des établissements pénitentiaires.

Art. 5. Quand une place comporte une prison qui n'est pas commandée par un officier, le commandant d'armes ou, par délégation, le major de la garnison, exerce, à l'égard de cet établissement, les attributions générales dévolues au commandant d'un établissement pénitentiaire; il tient les feuillets du personnel, surveille la gestion de l'ordinaire et l'administration des masses et vise les registres et la correspondance.

L'attention du commandant d'armes doit se porter particulièrement sur la régularité des incarcérations. Il doit visiter au moins une fois par mois ou faire visiter, par le major de la garnison, tous les détenus; les prévenus sont visités au moins une fois par mois par le rapporteur près le conseil de guerre ou son substitut.

Au cours de ses visites, le rapporteur s'assure des conditions matérielles dans lesquelles les prévenus sont incarcérés. Il examine si le mode d'incarcération et notamment les possibilités de communication avec les autres prévenus, sont en rapport avec les faits dont ils sont inculpés et ne sont pas de nature à entraver l'instruction. Il rend compte au général commandant le corps d'armée et, s'il y a lieu, en prévient l'agent principal.

Le commissaire du gouvernement procède mensuellement à une vérification de la régularité de l'écrou des détenus entrés dans le courant du mois à la prison militaire de sa résidence.

Cette vérification donne lieu à un rapport qui est adressé directement sous le timbre de la Direction du Contentieux et de la Justice militaire (Bureau de la Justice militaire).

A l'égard des pénitenciers, la surveillance du commandant d'armes doit s'exercer, d'une manière générale et sans entrer dans les détails d'exécution du service, sur le maintien de l'ordre et de la discipline.

Les généraux commandant les subdivisions et les généraux de division commandant le territoire doivent également surveiller, d'une manière générale, les établissements pénitentiaires situés sur le territoire de leur commandement, sous le rapport de la police et de la discipline. Ils reçoivent des commandants d'armes, lorsque ceux-ci leur sont subordonnés, le compte rendu de leurs observations, avec, s'il y a lieu, leurs propositions, de plus, ils visitent en personne et inopinément, autant que possible une fois par trimestre, chaque établissement, pour s'assurer que les règlements sont strictement appliqués. Les rapports des commandants d'armes et des généraux commandant les subdivisions ou les divisions sont transmis au général commandant le corps d'armée qui statue ou soumet à la décision du Ministre.

Les généraux commandants de corps d'armée doivent visiter au moins une fois par an, en personne, ou faire visiter par leur chef d'état-major, chacun des établissements pénitentiaires situés sur leur territoire.

Le général commandant le 19ᵉ corps d'armée peut se faire

suppléer pour cette visite par un officier supérieur de son état-major spécialisé dans les questions concernant les établissements pénitentiaires. ·

Toute visite ou inspection d'un établissement pénitentiaire donne lieu, de la part de l'autorité qui a visité ou inspecté, à un rapport qui est transmis au Ministre (Bureau de la Justice militaire) par la voie hiérarchique.

Le général commandant le corps d'armée indique sur ces rapports la suite donnée aux observations qu'ils peuvent comporter.

Inspection générale des établissements pénitentiaires.

Art. 6. En outre des inspections courantes des autorités chargées de leur surveillance, les établissements pénitentiaires sont inspectés, en principe, chaque année, dans des conditions particulières fixées par le Ministre.

Administration des établissements pénitentiaires.

Art. 7. L'administration des établissements pénitentiaires est assurée par le commandant de chaque établissement dans les mêmes conditions que celle des compagnies ou sections formant corps.

CHAPITRE III.

COMPOSITION, ATTRIBUTIONS ET OBLIGATIONS DU PERSONNEL.

Composition du personnel.

Art. 8. La composition du personnel militaire affecté d'une manière permanente à chaque catégorie d'établissements pénitentiaires est donnée par les tableaux 3 et 4 de la série J annexée à la loi du 13 mars 1875 sur les cadres de l'armée.

Le nombre des sous-officiers comptables et de surveillance, qui n'a pas été fixé par la loi, est déterminé d'après les règles suivantes :

Pénitenciers. — Adjudant-chef et adjudant de surveillance : 2 dans les pénitenciers de France où l'effectif moyen ne dépasse pas 350 détenus; 3 en Afrique du Nord et dans les pénitenciers de France où l'effectif moyen dépasse 350 détenus.

Sergents-majors comptables : 2 jusqu'à 350 détenus; 3 au delà de 350 détenus.

Sergent-major comptable chargé du service de l'infirmerie : 1 (peut être remplacé par un sergent surveillant apte aux fonctions de comptable).

Sergent concierge : 1 (peut être sergent-major).

Surveillants (un tiers du grade de sergent-major, deux tiers du grade de sergent) : 1 pour chaque fraction de 20 détenus plus un sergent surveillant par 100 détenus ou fraction de 100 détenus.

Prisons. — Sergent-major comptable : 1 à partir de 75 détenus.

Surveillants : 1 sergent-major et 3 sergents. Au delà de 75 détenus, un quatrième sergent, jusqu'à 100 détenus. Au delà de 100 détenus, un deuxième sergent-major et 4 sergents.

Lorsque les dispositions du casernement ou la nature du travail dans l'intérieur des établissements exigent une augmentation dans le personnel de surveillance, des propositions sont adressées au Ministre (Direction du Contentieux et de la Justice militaire; Bureau de la Justice militaire).

Attributions du personnel dans les pénitenciers.

Attributions générales du commandant.

Art. 9. Le commandant exerce une surveillance active sur toutes les parties du service.

Il est « gardien » de l'établissement et, à ce titre, il est responsable de la régularité de l'écrou. Il peut, toutefois, déléguer à l'officier d'administration comptable la tenue et la signature des registres d'écrou, mais il en conserve la responsabilité.

Il provoque toutes les mesures propres à assurer le bon fonctionnement des ateliers et l'emploi de tous les condamnés, ainsi que des prévenus qui l'auraient demandé, à des travaux intérieurs.

Il a l'initiative et la responsabilité des mesures relatives à la discipline des détenus, à leur répartition dans les ateliers, à leur moralisation, à la police et à la sûreté de l'établissement.

Il soumet à l'approbation des gouverneurs militaires, du général commandant le corps d'armée, du général commandant la division d'occupation de Tunisie, où du général commandant en chef les troupes d'occupation du Maroc, les consignes générales et permanentes relatives au service intérieur de l'établissement.

Il veille à la répression immédiate des fautes des détenus et à la poursuite des crimes et délits dont ils peuvent se rendre coupables, mais sans perdre de vue que le devoir des cadres est également de poursuivre sans relâche l'amendement et le redressement moral des détenus.

Il tient, en conséquence, la main à ce que l'on se conforme aux prescriptions de l'instruction morale et de la circulaire du 2 novembre 1902, et veille, en particulier, à ce que ses subordonnés apportent l'impartialité et la justice la plus absolues dans l'exercice de leur droit de punir. Il se fait, à cet effet, présenter, une fois par semaine, les hommes punis de privation d'achats de vivres supplémentaires, de privation de préau et de cellule; il entend, en présence de leurs chefs, les réclamations qu'ils auraient à formuler, soit au sujet des motifs de leurs punitions, soit au sujet du régime auquel ils sont soumis, fait droit aux réclamations fondées, écarte celles qui ne le sont pas, sans infliger de punition nouvelle lorsqu'elles paraissent avoir été réellement faites de bonne foi, et adresse à tous les observations et les conseils utiles.

Le commandant de l'établissement adresse directement : 1° au Ministre, le premier jour de chaque mois, en double expédition, un rapport sur les événements survenus pendant le mois (modèle n° 1); 2° au général commandant le corps d'armée, un rapport journalier (modèle n° 3).

Il adresse, en outre, au Ministre, le premier jour de chaque trimestre, un état de situation des détenus (modèle n° 2). Cet état est également fourni au commencement des deux autres mois du trimestre, mais il ne doit y être porté que les détenus entrés ou sortis depuis l'envoi de la situation trimestrielle.

Il rend compte au Ministre (Bureau de la Justice militaire), au besoin par la voie télégraphique de tout incident grave (mutinerie, évasion, mort violente ou suspecte, etc...).

Le compte rendu télégraphique ne dispense en aucune occasion de l'envoi, dans le plus bref délai possible, d'un rapport circonstancié.

Action du commandant sur le personnel et l'administration.

Art. 10. Il tient, pour les officiers, des feuillets du personnel du modèle en usage dans les corps de troupe et, pour les sous-officiers, des feuillets du modèle annexé au présent règlement (n° 4), y mentionne toutes les punitions infligées et, à la fin de chaque semestre, inscrit des notes sur leur conduite et leur manière de servir.

Il propose pour l'avancement et les décorations le personnel placé sous ses ordres.

Il signe la correspondance relative à l'administration de l'établissement et arrête tous les comptes après constatation, par l'officier d'administration comptable, que les recettes et les dépenses, les entrées et les sorties du matériel sont régulières et qu'elles sont justifiées par des pièces à l'appui. Il exerce une surveillance permanente sur tous les détails d'administration et de comptabilité dont est chargé l'officier d'administration comptable.

Il est responsable des conséquences de toute mesure contraire aux règlements qu'il aurait prescrite ou autorisée et de celles qu'entraînerait la non-exécution, par son ordre, des dispositions réglementaires.

Cette responsabilité est pécuniaire chaque fois que les conséquences ci-dessus spécifiées se traduisent par un préjudice pour l'Etat, l'établissement (masses) ou les personnes (officiers).

Dans les autres cas, la responsabilité disciplinaire peut seule être engagée.

Toutefois, le commandant peut également être rendu disciplinairement responsable de toutes les fautes lourdes, malversations et négligences, ainsi que de tout désordre se produisant dans l'administration de l'établissement, s'il est constaté qu'il n'a pas suffisamment exercé l'action de surveillance et de direction que lui impose le règlement.

Il surveille l'ordinaire, visite fréquemment les cuisines et s'assure de la régularité des distributions.

Il est responsable de l'instruction théorique et pratique des cadres de l'établissement.

Renseignements et propositions à fournir au sujet des détenus.

Art. 11. Il tient le registre de moralité des détenus (modèle 5) ainsi que leur feuillet mobile de punitions (modèle 6) destiné à suivre l'homme en cas de transfert dans un autre établissement pénitentiaire.

Il établit :

1° Les états de proposition concernant les détenus qui, par leur conduite, se sont rendus dignes de grâce ou de réduction de peine (modèles 7 et 8);

2° Les états de proposition relatifs à la destination à donner aux condamnés ayant terminé leur peine (modèles 9 et 10);

3° Les feuille et notice individuelles concernant les condamnés astreints à l'interdiction de séjour (modèles n°s 11 et 12).

Il notifie directement au parquet du conseil de guerre qui a prononcé la condamnation en vertu de laquelle l'homme a été écroué, les décisions gracieuses intervenues en sa faveur, afin d'assurer, conformément à l'article 2 du décret du 14 juin 1813, l'inscription de la décision en marge de la minute du jugement.

Il notifie directement aux procureurs de la République près le tribunal d'arrondissement du lieu de naissance des détenus nés en France, en Corse ou en Algérie, les mesures gracieuses intervenues en faveur des condamnés. Cette notification est faite au Ministre de la justice pour les détenus nés à l'étranger ou dans les colonies françaises transatlantiques (modèle 13).

Il fournit directement aux procureurs de la République qui lui en font la demande pour l'instruction des instances de réhabilitation des extraits des registres d'écrou et de moralité (modèle 14).

Attributions de l'officier adjoint au commandant.

Art. 12. L'officier adjoint est chargé, sous les ordres du commandant, de surveiller et d'assurer l'exécution de toutes les mesures de police et de discipline; son autorité s'exerce sur tous les sous-officiers et les détenus.

Il a la direction des ateliers de travail, et s'assure que les sous-officiers se conforment aux prescriptions réglementaires pour la surveillance et la comptabilité du travail des détenus. Il assure le service de l'ordinaire sous la direction du commandant, veille à tous les détails d'achat, de réception et de distribution de denrées.

Il visite chaque jour les cuisines pour vérifier le mode de préparation des aliments, l'état du matériel, la tenue des cuisiniers, et demande, quand il y a lieu, le renouvellement des effets de cuisine.

Il dirige le cours d'enseignement primaire élémentaire obligatoire pour les illettrés.

Il veille à l'entretien et à la conservation du matériel de toute sorte en service dans l'établissement, la comptabilité restant assurée par l'officier d'administration comptable.

Il désigne, sous l'approbation du commandant, les surveillants qui doivent être préposés aux services particuliers dans l'intérieur de l'établissement.

En cas d'absence du commandant, il le remplace et jouit de la même autorité que lui.

Officier d'administration comptable.

Art. 13. L'officier d'administration comptable est chargé, sous l'autorité et la surveillance du commandant, du service des fonds et du matériel.

Il rédige toute la correspondance administrative.

Il a la garde des bijoux et objets de valeur retirés aux détenus.

Il est chargé de la tenue de tous les registres de la comptabilité et du greffe. Il certifie, en outre, les états de services et tous les extraits des documents dont la tenue lui est confiée.

Il est pécuniairement responsable :

1° De tous les fonds qu'il a reçus jusqu'à ce qu'il ait justifié de leur emploi;

2° De tout payement illégal, de toute avance non autorisée par le commandant de l'établissement, de toute omission de recette, de toute erreur de calcul, enfin des doubles emplois, surcharges et altérations d'écritures;

3° De l'existence et du bon état du matériel dont il est comptable et non distribué.

4° Des sorties ou distributions irrégulières ou faites sur pièces non revêtues de l'approbation du commandant; des omissions d'entrées ou de réintégrations.

Dans les autres cas que ceux énumérés ci-dessus, sa responsabilité disciplinaire seule peut être engagée.

La caisse de l'établissement est placée dans son logement. En cas d'inconvénient, il en est référé au général commandant le corps d'armée qui donne toutes instructions utiles.

Officier d'administration aide-comptable.

Art. 14. L'officier d'administration aide-comptable est placé sous les ordres du comptable de l'établissement qui l'emploie sous sa propre responsabilité, soit au service des fonds, soit au service du matériel, soit aux deux services à la fois.

Il supplée dans ses fonctions l'officier comptable, absent ou empêché; il le remplace provisoirement en cas de vacance d'emploi.

Adjudant-chef ou adjudant greffier.

Art. 15. L'adjudant-chef ou adjudant greffier est chargé, sous les ordres de l'officier d'administration comptable, de toutes les écritures du greffe.

Adjudant-chef ou adjudant de surveillance.

Art. '16. L'adjudant-chef ou adjudant de surveillance est chargé, sous les ordres de l'officier adjoint, d'assurer l'exécution de toutes les mesures d'ordre, de police et de discipline. A cet effet, son autorité s'exerce sur tous les détenus et sur les surveillants attachés à l'établissement.

Il établit une situation journalière (modèle 19) d'après les rapports qui lui sont faits par les surveillants.

Sergents-majors comptables. — Vaguemestre.

Art. 17. Les sergents-majors comptables attachés au bureau de l'officier d'administration pour être employés aux écritures sont placés sous les ordres de l'officier d'administration comptable, pour ce qui concerne l'exécution du service spécial dont il est chargé.

La durée du travail de bureau est fixée par le commandant, sur la proposition de l'officier comptable et d'après les besoins du service.

Un sergent-major comptable est chargé du service de l'infirmerie sous la direction du médecin-major de l'établissement.

Un des sergents-majors comptables est à la disposition entière du commandant de l'établissement pour l'exécution des travaux de bureau particuliers au commandement. Ce sous-officier remplit en outre les fonctions de vaguemestre dans les conditions prévues par le service intérieur des corps de troupe d'infanterie.

Sergents-majors et sergents surveillants.

Art. 18. Chaque établissement est divisé, en principe, en sections de 20 détenus commandées chacune par un sous-officier surveillant; la réunion de trois sections forme une division, à la tête de laquelle est placé un sergent-major qui est chargé, en même temps, du commandement d'une des sections.

Les sergents-majors procèdent aux appels, aux heures fixées par le commandant.

Concierge.

Art. 19. Un sous-officier surveillant est désigné pour remplir les fonctions de concierge. Il est changé tous les six mois.

Il ne doit, sous aucun prétexte, être détourné de son service spécial.

Moniteur général de l'école d'instruction élémentaire.

Art. 20. Le sergent-major comptable mis à la disposition du commandant de l'établissement est chargé, sous la direction de l'officier adjoint, des fonctions de moniteur général de l'école d'instruction élémentaire. Les détails d'organisation de cette école sont soumis à l'approbation du général commandant le corps d'armée.

Les cours ont lieu en semaine après le repas du soir.

Surveillance des détenus.

Art. 21. Les surveillants de section sont chargés de la police, des soins de propreté et de salubrité, de l'exécution des ordres et consignes, des différentes corvées à faire exécuter par les détenus placés sous leur direction, et, en général, de tous les détails du service intérieur. Ils assistent à toutes les distributions faites aux condamnés de leur section.

Ils sont responsables disciplinairement : 1° des évasions imputables à leur négligence, sans préjudice des poursuites dont ils seraient passibles, en vertu des articles 237 et suivants du Code pénal; 2° des dégradations, dommages et dégâts de toute nature commis par les détenus, lorsqu'ils ne les ont pas signalés sur-le-champ au commandant de l'établissement.

Hors le cas de nécessité absolue pour s'opposer à une évasion, l'usage des armes n'est permis que dans le cas de légitime défense, alors que la vie du surveillant est en danger.

Le port de cannes, cravaches, etc... est formellement interdit.

Action des sergents surveillants sur le travail des détenus.

Art. 22. Les sergents surveillants surveillent et constatent le travail des détenus dans les conditions spécifiées au titre II, chapitre IX du présent règlement.

A la fin de chaque semaine, ils rendent compte à l'officier adjoint de la conduite tenue par les condamnés sous leur direction et signalent ceux qui se sont fait remarquer par leur zèle et leur docilité.

Interdiction de recevoir des dons des entrepreneurs.

Art. 23. Il est expressément interdit aux sous-officiers préposés à la surveillance d'un atelier de recevoir des entrepreneurs de main-d'œuvre pénitentiaire aucun don en argent ou en nature, d'agréer aucune promesse de don. Toute infraction à cette défense les rend passibles de poursuites devant le conseil de guerre, conformément à l'article 177 du Code pénal. Dans le cas où le délit ne paraît pas suffisamment caractérisé, le délinquant peut être envoyé devant un conseil d'enquête.

Heures de liberté des surveillants.

Art. 24. Après la fermeture des locaux affectés aux détenus, les surveillants qui ne sont pas de service peuvent sortir et rester en ville jusqu'à l'heure déterminée par le règlement sur le service intérieur des corps de troupe d'infanterie.

Dans les mêmes conditions, les surveillants mariés qui n'habitent pas dans l'établissement ne sont tenus de rentrer que le lendemain matin, à moins d'ordres contraires.

Repos des surveillants.

Art. 25. Les sous-officiers de service le dimanche ont droit, par compensation, à un jour de repos pendant la semaine qui suit. Après chaque nuit de garde, un repos de six heures est accordé.

Les sous-officiers autorisés par le règlement à revêtir la tenue civile le dimanche peuvent porter cette tenue le jour où ils sont de repos, même si ce jour n'est pas un dimanche.

Interdiction de toute familiarité avec les détenus.

Art. 26. Il est défendu expressément aux surveillants de manger ou de boire avec les détenus, de les tutoyer, de leur procurer de l'argent et de tolérer, par complaisance, aucune infraction aux règlements.

Attributions du personnel dans les prisons militaires.

Prisons comportant un officier commandant.

Art. 27. Dans les prisons qui sont commandées par un officier, les attributions générales de l'officier commandant sont analogues à celles du commandant d'un pénitencier; l'agent principal cumule les fonctions de l'officier adjoint au commandant et de l'officier d'administration comptable.

Le commandant adresse au Ministre les rapports et états de situation dans les conditions fixées à l'article 9.

Prisons ne comportant pas d'officier commandant.

Art. 28. Dans les prisons qui ne sont pas pourvues d'un officier commandant et où, conformément à l'article 5, les fonctions de commandant de la prison sont remplies par le commandant d'armes, ou par délégation par le major de la garnison, l'agent principal, en outre des attributions qui lui sont dévolues par l'article précédent, administre la prison et exerce, sous l'autorité du commandant désigné, les fonctions indiquées aux articles 9, 10 et 11; il doit prendre l'initiative de toutes les mesures visées par ces articles, mais il doit soumettre ces mesures, ainsi que les notes, propositions et états à transmettre au Ministre, à l'approbation du commandant désigné.

En cas d'absence de l'agent principal, celui-ci est remplacé par l'adjudant greffier. Si ces deux sous-officiers viennent à manquer simultanément, le général commandant le corps d'armée désigne un adjudant-chef ou adjudant d'un corps de troupe, judicieusement choisi, pour remplir provisoirement les fonctions d'agent principal. Il en rend compte au Ministre.

Adjudant greffier.

Art. 29. L'adjudant greffier est chargé spécialement, sous la surveillance et la responsabilité de l'agent principal, de la tenue des registres d'écrou ainsi que de toutes les écritures du greffe.

Il seconde l'agent principal pour la tenue de la comptabilité.

Sergent-major surveillant.

Art 30. Le sergent-major surveillant est chargé, sous les ordres de l'agent principal, de l'exécution des mesures d'ordre, de police et de discipline.

A cet effet, son autorité s'exerce sur les surveillants et les détenus.

Il assiste aux appels de la journée. Il dirige les ateliers, distribue le travail et s'assure que les sergents surveillants se conforment aux prescriptions réglementaires pour la constatation du travail fourni par chaque détenu.

Lorsque l'importance des ateliers justifie cette mesure, le sergent-major surveillant directeur des ateliers peut être dispensé du service de nuit.

Sous-officiers surveillants et comptables. — Vaguemestre.

Art. 31. Ces sous-officiers ont les mêmes attributions que ceux des pénitenciers; les surveillants sont placés sous la direction immédiate de l'agent principal, le sergent-major comptable sous la direction de l'adjudant greffier, l'ensemble du personnel demeurant sous les ordres de l'agent principal.

Le sergent-major comptable est chargé des fonctions de vaguemestre.

Il remplit également les fonctions de moniteur de l'école d'instruction élémentaire.

CHAPITRE IV.

BATIMENTS.

Organisation des bâtiments pénitentiaires.

Art. 32. Les bâtiments et locaux des établissements pénitentiaires ressortissent au service du casernement et sont soumis aux règlements qui le concernent. Ils sont construits et entretenus par le service du génie.

Leur organisation est effectuée, dans chaque cas particulier, sur les bases fixées par le Ministre.

Suivant leur nature et leur destination, les établissements pénitentiaires doivent renfermer, autant que possible, les constructions et aménagements indiqués ci-après :

A) Le service de l'administration;

B) La détention;

C) Les cellules de correction;

D) L'infirmerie et ses dépendances.

A) Locaux à affecter au service de l'administration :

1° Le corps de garde;

2° La guicheterie;

3° Le greffe;

4° La bibliothèque et les archives;

5° Une salle pour les avocats;

6° Un parloir;

7° Une cuisine et ses dépendances;

8° Les magasins;

9° Le bureau des officiers comptables ou de l'agent principal;

10° La salle des rapports ou le bureau de l'officier commandant l'établissement;

11° Les logements du cadre de l'établissement.

12° Une buanderie.

B) La détention doit comprendre :

1° Des cellules d'isolement nocturne;

2° Des chambres pour les officiers;

3° Une chapelle;

4° Un réfectoire;

5° Une salle d'études;

(A défaut de salles séparées et seulement dans cette situation, une même pièce peut être affectée à ces trois services. Dans ce cas, une cloison, convenablement disposée, masque l'autel);

6° Des ateliers;

7° Des magasins pour recevoir les matières premières et les objets ou effets confectionnés;

8° Des lavabos et une salle de bains par aspersion;

9° Des cours avec préaux couverts;

10° Des urinoirs et latrines.

C) Les locaux de correction comprennent des cellules spéciales établies, en principe, à raison de 5 p. 100 du nombre des cellules d'isolement nocturne; cette proportion peut être augmentée dans les établissements de l'Algérie, de la Tunisie et du Maroc.

D) Le bâtiment de l'infirmerie doit être pourvu, en outre, des locaux nécessaires aux malades, dont l'effectif peut être évalué à 2 1/2 p. 100 du nombre de détenus que l'établissement est appelé à recevoir, d'une salle de visite, d'une salle de bains et de tous les autres accessoires nécessaires.

E) L'affectation des logements du cadre de l'établissement est prononcée :

1° Logements des officiers ; par le général commandant le corps d'armée;

2° Logements des sous-officiers : par le commandant de l'établissement.

Cellules d'isolement nocturne et cellules de correction.

Art. 33. Chaque cellule doit avoir au moins $2^m,30$ de longueur sur $1^m,80$ de largeur et 3 mètres de hauteur.

Elles sont numérotées suivant des séries continues et distinctes, savoir :

1° Pour la détention ordinaire;

ᴸ2° Pour la correction.

Les portes de toutes les cellules doivent être garnies de moyens de fermeture suffisants; au milieu de ces portes est pratiqué un guichet grillé s'ouvrant et se fermant en dehors.

Elles sont également pourvues d'un encadrement fixe à coulisseau destiné à recevoir la carte signalétique mobile du détenu.

Blanchiment des locaux occupés par les détenus.

Art. 34. Les murs des parties intérieures des établissements qui sont occupés par les détenus sont grattés et blanchis à la chaux tous les ans, ou plus souvent si le besoin en est reconnu et constaté.

Mesures à prendre pour prévenir et combattre les incendies.

Art. 35. Les mesures à prendre pour prévenir les incendies sont, en grande partie, subordonnées à la situation de l'établissement et à la disposition particulière des locaux; les mesures dont il s'agit doivent donc être discutées et arrêtées dans chaque cas particulier de concert entre le commandant d'armes, le chef du génie et le commandant de l'établissement. Ces dispositions font l'objet d'une consigne détaillée qui est affichée dans plusieurs endroits apparents de l'établissement. Le personnel chargé d'assurer l'exécution de cette consigne doit être bien pénétré des mesures qu'elle contient et du rôle qui lui incombe en cas de sinistre.

Les dispositions ayant un caractère général et permanent, dont l'application doit être faite partout où il y a lieu, sont les suivantes :

Surveillance active et bien entendue; rondes; entretien de provision ou de prises d'eau convenablement disposées; constitution d'un matériel spécial propre à combattre un commencement d'incendie; personnes à prévenir en cas d'incendie; mise à l'abri des détenus, leur emploi à l'extinction du feu; mesures contre les évasions.

TITRE II.

FONCTIONNEMENT DES ÉTABLISSEMENTS PÉNITENTIAIRES.

CHAPITRE I.

ADMISSION ET SORTIE DES DÉTENUS. — GRACES ET RÉDUCTIONS DE PEINES. — RÉPARTITION DES CONDAMNÉS.

§ 1er. — *Dispositions générales.*

Pièces requises pour l'incarcération dans les établissements pénitentiaires.

Art. 36. L'officier qui commande un établissement pénitentiaire, ou l'agent principal qui le dirige, est le « gardien » de cet établissement et personnellement responsable, à ce titre, de l'incarcération et de l'écrou.

En principe, un militaire ne doit être « écroué » que s'il est sous le coup d'un mandat de dépôt ou d'arrêt ou d'un jugement portant condamnation.

Dans tous les autres cas, il ne peut être que simplement « incarcéré » à titre préventif.

Les passagers sont écroués ou incarcérés selon qu'ils appartiennent à l'une ou l'autre de ces catégories.

Le gardien ne doit incarcérer aucun militaire sans la production, pour les inculpés de tout grade, d'un ordre écrit du général commandant la circonscription territoriale, prescrivant, jusqu'à nouvel ordre, l'incarcération à titre préventif.

Le gardien ne doit écrouer aucun militaire sans la production d'une des pièces suivantes :

a) Pour les prévenus, un mandat de dépôt ou d'arrêt, lequel devra être visé par le commandant de la circonscription territoriale si l'inculpé n'a pas déjà été mis, par mandat d'amener, à la disposition de la justice;

b) Pour les condamnés à écrouer dans une prison ou dans un pénitencier : un extrait du jugement et de l'ordre de transfèrement, s'il y a lieu.

Les passagers sont incarcérés ou écroués sur la production de l'ordre de conduite de la gendarmerie.

Le passage d'un détenu d'une catégorie dans une autre sans quitter l'établissement (par exemple prévenu qui est condamné) entraîne l'inscription sur le registre d'écrou des pièces exigées pour cette catégorie.

Tout détenu qui change de situation (prévenu passant dans la catégorie des condamnés, etc.) est, selon le cas, rayé du registre sur lequel il figurait, pour être reporté sur le registre afférent à sa nouvelle situation. Les prévenus condamnés qui doivent être transférés sur un autre établissement sont reportés au registre d'écrou des passagers. Ce changement d'inscription a lieu dès que les pièces nécessaires parviennent; il n'est fait d'exception qu'à l'égard des condamnés mis en liberté après jugement par application de la loi de sursis.

Lorsque des prévenus laissés en liberté provisoire sont condamnés, ils sont incarcérés sur la production d'un ordre d'écrou délivré par le général commandant la circonscription territoriale après le prononcé du jugement; ils sont alors inscrits comme prévenus sur le registre d'écrou, où ils continuent de figurer tant que le jugement n'est pas devenu définitif.

Dispositions relatives à l'incarcération et à l'écrou.

Art. 37. Le « gardien » de chaque établissement est seul responsable de la tenue des registres d'écrou, mais il peut, comme il a été dit à l'article 9 ci-dessus, déléguer la tenue et la signature de ces registres à l'òfficier d'administration comptable, dans les établissements qui en comportent un, sans que cette délégation dégage sa responsabilité.

Toute incarcération faite sans l'accomplissement des formalités prescrites à l'article qui précède et dans le présent article, constitue le délit de détention arbitraire prévu par l'article 609 du Code d'instruction criminelle.

Il est tenu dans chaque prison militaire :

1° Un registre d'écrou (modèle n° 21) pour l'écrou des détenus condamnés et des prévenus. En ce qui concerne les prévenus, il suffira de compléter les colonnes 4 et 5 par la mention du jugement en cas de condamnation.

2° Un registre d'écrou (modèle n° 20) pour les passagers de toutes catégories.

Dans les pénitenciers il n'est tenu qu'un seul registre d'écrou (modèle n° 21).

Lors de l'arrivée de tout individu dans un établissement pénitentiaire, l'agent qui l'amène est tenu, avant de le remettre, de faire inscrire sur le registre de la catégorie correspondante l'acte dont il est porteur, avec les nom, prénoms, date et lieu de naissance, signalement (1), grade et corps de l'intéressé. L'acte de remise est écrit devant lui; le tout est signé tant par lui que par le gardien; celui-ci lui en remet une copie signée pour sa décharge.

Aussitôt après l'accomplissement de ces formalités, l'homme est incarcéré et le gardien fait établir immédiatement la carte mobile qui doit être placée sur la porte de sa cellule et indiquant ses nom et prénoms, son numéro sur le registre où il est inscrit, le motif de son internement et, selon le cas, la durée et la date d'expiration de sa peine.

En cas d'incarcération dans une prison en vertu d'un mandat d'amener ou d'un procès-verbal d'arrestation de la gendarmerie

---

(1) Le signalement, qu'il ne faut pas confondre avec la mensuration anthropométrique, doit être établi avec soin pour tout individu incarcéré dans un établissement pénitentiaire à l'exclusion des passagers; il doit être rédigé suivant la formule indiquée dans la circulaire du 10 mai 1912 (vol. 59⁴), de manière à pouvoir servir utilement à une identification approximative et à faciliter les recherches en cas d'évasion. L'agent qui amène le détenu doit communiquer à cet égard les renseignements signalétiques dont il peut être porteur.

En cours de détention, le signalement est soigneusement vérifié, les rectifications ou compléments à apporter au signalement d'entrée sont mentionnés en marge de ce dernier.

ou d'un officier de police judiciaire, le gardien avise immédiatement le rapporteur près le conseil de guerre de l'heure de l'entrée de l'inculpé dans la prison.

Pour les hommes des corps de la marine internés dans les pénitenciers, le gardien adresse au Ministre de la marine l'avis d'écrou joint à l'extrait de jugement.

Le chef d'escorte fait remise au commandant de l'établissement d'un inventaire des effets et objets apportés par l'homme (modèle 22).

Fouille des prisonniers.

Art. 38. Dès qu'il a été procédé aux formalités prescrites pour l'incarcération ou l'écrou, le portier doit procéder à la fouille du prisonnier à quelque catégorie qu'il appartienne.

L'argent et les objets saisis sur le prisonnier sont remis au greffe; le commandant de l'établissement détermine quels sont les objets qui peuvent être laissés au détenu et ceux qui lui seront définitivement retirés; ces derniers sont déposés entre les mains du comptable ou de l'agent principal, qui les porte sur le registre d'inventaire (modèle 23), en faisant émarger le détenu. On ne doit, en aucun cas, laisser entre les mains d'un détenu, quel qu'il soit, des objets, même de toilette, pouvant se prêter à un usage nuisible.

L'inventaire des espèces et des objets saisis sur les prévenus est communiqué au rapporteur du conseil de guerre et au commissaire du gouvernement, qui peuvent se faire présenter ces objets.

Dès que les formalités de l'incarcération ou de l'écrou ont été remplies, le prisonnier est présenté au médecin, qui décide s'il peut être soumis au régime commun ou s'il y a lieu de l'envoyer à l'infirmerie. En cas d'absence du médecin, le détenu est isolé dans une cellule d'attente.

Destination à donner aux objets saisis.

Art. 39. Les objets et l'argent saisis sur les prévenus leur sont rendus lors de leur sortie en cas d'acquittement.

En cas de condamnation, si l'homme est maintenu à l'établissement, les objets saisis sont conservés par la prison pour lui être rendus à sa sortie ou recevoir telle destination qu'il indiquera; l'argent saisi est versé d'office à son fonds particulier, mais réservé, de même que le reliquat de cet argent déjà versé aux fonds particuliers, mais non dépensé. Avis de l'existence de cette somme et de son origine est donné au percepteur de la localité pour la délivrance d'une contrainte. Si le détenu est transféré dans un autre établissement, les objets sont vendus pour le prix en être versé à son fonds particulier, ou sont adres-sés, à ses frais, à la personne qu'il désignera.

Toutefois, en cas de condamnation à une peine d'une durée inférieure à trois ans, les objets saisis pourront, sur la demande de l'intéressé, être adressés à ses frais à l'établissement desti-nataire pour lui être remis à sa sortie. L'argent est, dans tous les cas, adressé à cet établissement pour être versé au fonds particulier.

Mensurations anthropométriques.

Art. 40. Dans les prisons militaires, les procédés de mensuration anthropométrique sont appliqués, aussitôt après l'accomplissement des formalités d'écrou, aux militaires condamnés, à l'exception toutefois de ceux condamnés pour délits militaires autres que la désertion et l'insoumission.

Ces procédés sont également appliqués dans les pénitenciers aux condamnés qui, par suite de circonstances spéciales (condamnés provenant des colonies, etc....) n'y auraient pas encore été soumis. Le bénéfice du sursis à l'accomplissement de la peine ne dispense pas de la mensuration.

Indépendamment du signalement anthropométrique proprement dit, il est établi une fiche alphabétique en double exemplaire. En fin de mois, le signalement anthropométrique, accompagné de l'une des fiches alphabétiques, est adressé au ministère de la guerre (Direction du Contentieux et de la Justice militaire; Bureau de la Justice militaire) sans bordereau d'envoi; l'autre fiche alphabétique suit le condamné en cas de changement d'établissement et est conservée par l'établissement qui le libère.

Les imprimés de l'anthropométrie sont tirés de l'approvisionnement de la préfecture de police et fournis gratuitement aux établissements par l'administration centrale de la guerre.

Tous les sous-officiers de la justice militaire (établissements pénitentiaires) doivent être à même de dresser un signalement anthropométrique.

Le commandant de l'établissement développe par tous moyens, tels, que l'assistance périodique aux opérations pratiquées dans la prison civile (1), l'habileté professionnelle des sous-officiers

---

(1) Par dépêche circulaire du 24 septembre 1906, M. le Ministre de l'intérieur a donné les ordres nécessaires pour que l'agent principal de chaque prison militaire de l'intérieur soit autorisé à se concerter avec le gardien-chef de la maison d'arrêt et de correction située dans la même ville, en vue des dispositions à arrêter à ce sujet, sous le contrôle du directeur de la circonscription pénitentiaire.

à .la mensuration. Semestriellement, après s'être pourvu des fiches alphabétiques et anthropométriques de quelques condamnés présents, il fait procéder sous ses yeux et séparément, par chacun des sous-officiers, au contrôle des signalements, de façon à juger du degré de concordance obtenu. Dans l'établissement du travail annuel d'avancement, les connaissances anthropométriques des sous-officiers font l'objet d'une note spéciale.

Dispositions relatives à la sortie.

Art. 41. Les registres d'écrou doivent, au fur et à mesure, recevoir l'inscription des dates de sortie et de la destination donnée aux prisonniers, et la transcription en marge de l'acte de remise, de l'ordre de transfèrement, de l'ordonnance de non-lieu, de l'arrêt ou du jugement, en vertu duquel la sortie a lieu.

Ces registres reçoivent également la mention des réductions de peine ou grâces accordées, ou des condamnations nouvelles encourues pendant la détention.

A moins d'un acte justifiant l'entrée du détenu dans une autre catégorie du même établissement ou son transfert dans un autre établissement, aucun détenu ne peut sortir :

a) S'il est prévenu ou inculpé, que sur une ordonnance de mise en liberté provisoire signée du rapporteur et du commissaire du gouvernement et visée par le commandant de la circonscription territoriale, ou sur une ordonnance de non-lieu, ou sur un jugement du conseil de guerre prononçant l'acquittement et la mise en liberté de l'inculpé.

b) S'il est condamné, qu'à l'expiration de la peine encourue.

Les passagers ne peuvent sortir que sur la réquisition du chef d'escorte désigné, appuyée de l'ordre de conduite.

La sortie est constatée sur le registre par la signature du porteur de l'ordre d'extraction ou par la signature du gardien de l'établissement, en cas de libre sortie par expiration de peine.

A leur sortie, les détenus sont minutieusement fouillés sous la responsabilité du commandant de l'établissement qui fait subir aux papiers le contrôle prévu pour la correspondance.

Sortie temporaire des détenus envoyés aux hôpitaux.

Art. 42. Lorsqu'un militaire détenu est envoyé à l'hôpital, il y est conduit par un sous-officier de l'établissement et il est admis dans la salle des consignés sur la présentation par le chef de l'escorte d'un billet d'hôpital du modèle réglementaire délivré par le médecin et signé par le commandant de l'établissement.

L'officier d'administration préposé aux entrées délivre au commandant de l'escorte un récépissé du détenu.

L'entrée à l'hôpital doit être mentionnée sur le contrôle annuel (modèle 24) et sur le rapport journalier; elle n'est pas portée sur le registre d'écrou.

Lorsque le détenu doit sortir de l'hôpital, le commandant, sur la réception du bulletin de sortie, désigne un sous-officier pour aller le chercher.

Ce sous-officier, après que l'homme a été mis à sa disposition, signe une déclaration pour la décharge de la responsabilité de l'hôpital.

La rentrée du détenu est mentionnée sur le contrôle annuel et sur le rapport journalier.

Le rapporteur du conseil de guerre est informé immédiatement par le commandant de l'établissement de l'envoi à l'hôpital des prévenus et des accusés. Il vise le billet d'hôpital.

Il est de même informé de leur rentrée à l'établissement

Détenus décédés.

Art. 43. En cas de décès à l'établissement, le commandant de l'établissement fait application des mesures prescrites à l'article 66 du règlement sur le service de santé. (Dispositions spéciales, en cas de décès au corps.)

Le décédé est rayé sur le registre d'écrou, où le gardien transcrit l'extrait de l'acte de décès.

En cas de décès à l'hôpital, le bulletin de décès est, sur-le-champ, adressé au commandant de l'établissement pénitentiaire, qui envoie un agent pour reconnaître le décédé : le décédé est rayé du registre d'écrou, dans les mêmes conditions que pour le décès à l'établissement.

A l'égard des hommes décédés en cours de transfèrement, le commandant de l'établissement adresse au Ministre (Bureau des Archives) un extrait de l'acte de décès délivré sur papier libre par l'officier d'état civil (1).

Le décès d'un détenu en dehors d'un hôpital donne toujours lieu à un rapport détaillé qui est envoyé dans le plus bref délai au Ministre (Direction du Contentieux et de la Justice militaire; Bureau de la Justice militaire).

Sortie temporaire des détenus appelés devant un conseil de guerre.

Art. 44. Quand un détenu est appelé à comparaître, soit comme inculpé, soit comme témoin, devant le rapporteur ou

____

(1) Directement au Ministre. (Circulaire du 24 décembre 1913, vol. 74.)

devant le conseil de guerre, le rapporteur, le commissaire du gouvernement ou le président du conseil de guerre, selon le cas, décerne un mandat d'extraction (formule n° 4 des imprimés spéciaux aux tribunaux militaires) enjoignant au commandant de l'établissement de le faire conduire sous escorte au parquet ou au conseil de guerre, puis de le réintégrer.

Le chef d'escorte est personnellement responsable du détenu jusqu'à sa réintégration.

Si la sortie et la rentrée ont lieu le même jour, elles ne sont inscrites que sur le rapport journalier. Si elles n'ont pas lieu le même jour, on les inscrit, en outre, au contrôle annuel. Elles ne sont pas mentionnées au registre d'écrou.

Détenus évadés.

Art. 45. En cas d'évasion d'un militaire détenu à un titre quelconque dans un établissement pénitentiaire, le commandant de l'établissement fait faire aussitôt toutes les recherches en son pouvoir pour le retrouver et prend toutes les mesures utiles pour assurer son arrestation. Il se concerte à cet effet avec les autorités civiles et militaires du lieu de garnison. Il adresse immédiatement un avis d'évasion, avec le signalement complet de l'évadé, à la brigade de police mobile la plus voisine. Les avis donnés doivent, s'il y a lieu, attirer l'attention sur l'importance particulière de l'arrestation. Le commandant de l'établissement procède en même temps à une enquête pour déterminer exactement les circonstances de l'évasion, et il en établit un rapport spécifiant le jour où a été constatée l'absence de l'évadé, les circonstances de l'évasion et les responsabilités engagées. Ce rapport est transmis au Ministre (Direction du Contentieux et de la Justice militaire; Bureau de la Justice militaire) par l'intermédiaire du général commandant le corps d'armée.

Si l'évadé n'a pas été repris avant l'expiration des délais de grâce ou de repentir accordés par les articles 231, 233, 234 et 235 du Code de justice militaire, il est déclaré déserteur, à moins qu'il ne soit soumis, qu'il soit détenu à titre préventif ou comme condamné.

Pour les évadés détenus à titre préventif, le commandant de la prison avise immédiatement le chef de corps, qui est chargé d'envoyer le signalement aux autorités compétentes et de porter la plainte en désertion; l'évadé est aussitôt rayé du registre d'écrou.

Pour les condamnés évadés de l'établissement ou de l'hôpital, le commandant de l'établissement pénitentiaire opère comme le chef de corps. Il envoie le signalement et les bulletins de recherches et établit, s'il y a lieu, ultérieurement, la plainte en conseil de guerre. L'évadé continue à figurer sur le registre d'écrou jusqu'à ce qu'il soit repris ou décédé, ou que la prescription lui soit acquise. L'évasion est mentionnée sur le contrôle annuel.

Le détenu qui s'évade pendant son transfert d'un établissement pénitentiaire à un autre établissement, ou pendant son envoi à un corps de troupe après sa sortie de prison, est poursuivi par les soins du commandant de l'établissement ou du corps destinataire.

Les bijoux, objets ou effets appartenant aux détenus évadés et non réintégrés reçoivent la destination prévue par l'article 43 ci-dessus pour les détenus décédés. La vente a lieu au plus tôt un an après le jour de la désertion. Elle est faite distinctement pour chaque détenu et le montant est versé à la Caisse des dépôts et consignations.

Détenus réformés.

Art. 46. Les détenus des établissements pénitentiaires atteints d'infirmités les rendant impropres au service militaire peuvent être réformés dans les conditions ordinaires.

Les propositions sont établies par le corps d'origine sur la demande du commandant de l'établissement, si le détenu est incarcéré à titre préventif; si le détenu est un condamné, la proposition est établie par le commandant de l'établissement.

La réforme, quand elle est prononcée, ne porte son effet qu'à partir de la sortie de l'établissement pénitentiaire; le détenu réformé est, en principe, conservé dans l'établissement jusqu'à l'expiration de sa peine.

Toutefois, des propositions de remise du restant de la peine peuvent être adressées au Ministre par le commandant de l'établissement.

§ 2. — Dispositions spéciales aux militaires détenus dans les prisons à titre préventif.

Avis à donner par le commissaire du gouvernement au commandant de la prison, des condamnations prononcées.

Art. 47. Dès qu'un jugement a été rendu contre un détenu en prévention, le commissaire du gouvernement doit en aviser le commandant de l'établissement afin de permettre à celui-ci de prendre toutes les dispositions que comporte la condamnation prononcée.

Inculpés acquittés ou absous par le conseil de guerre.

Art. 48. Le détenu acquitté doit être mis en liberté dès que les formalités de la levée d'écrou ont été remplies, à moins qu'il ne soit retenu pour autre cause.

Le détenu absous doit être mis en liberté à l'expiration du délai fixé pour le recours en revision, à moins qu'il ne soit retenu pour autre cause.

Dispositions à prendre à l'égard des inculpés en cas de condamnation.

Art. 49. Les inculpés condamnés sont conservés dans la prison jusqu'au moment de l'exécution du jugement.

Si le détenu est condamné à mort ou à une peine infamante, il est aussitôt séparé des autres détenus, même aux heures de promenade dans le préau; des précautions spéciales doivent être immédiatement prises pour l'empêcher d'attenter à ses jours. Ces précautions sont également prises pour les détenus condamnés à la peine des travaux publics, et au moment où les condamnés qui ont à subir la parade d'exécution y sont conduits.

Les condamnés à mort doivent être l'objet d'une surveillance particulière; ils reçoivent dans leur cellule, en présence d'un sous-officier, les visites des personnes admises à les voir.

Lorsque, par application de la loi du 30 décembre 1911, un militaire condamné à mort par un conseil de guerre devra avoir la tête tranchée, le commandant de l'établissement, dès que la condamnation sera devenue définitive, demandera au Ministre (Direction du Contentieux et de la Justice militaire) le transfert du condamné dans un établissement pénitentiaire civil.

L'agent principal est tenu, sous sa responsabilité personnelle, de recevoir les déclarations des condamnés qui sont dans l'intention de se pourvoir en revision ou en cassation. Il dresse immédiatement l'acte portant déclaration du recours (formule n° 22 des imprimés spéciaux aux tribunaux militaires) et le transmet aussitôt au greffe du conseil de guerre, qui en délivre récépissé.

Il transmet également les recours en grâce formés par les condamnés.

Lorsqu'un militaire ayant encouru, devant un tribunal ordinaire, une condamnation prononcée avec application de la loi de sursis, est écroué dans un établissement pénitentiaire militaire er. vertu d'une nouvelle condamnation faisant perdre le bénéfice du sursis, le commissaire du gouvernement le signale au commandant du corps d'armée, qui donne l'ordre de le remettre à l'autorité civile pour purger d'abord la peine antérieure.

§ 3. — *Dispositions concernant les condamnés.*

Mise en route des condamnés sur les divers établissements pénitentiaires.

Art. 50. Lorsque les formalités prescrites par le Code de justice militaire pour l'exécution des jugements ont été remplies, les condamnés sont dirigés sur l'établissement pénitentiaire où ils doivent subir leur peine.

Le tableau annexé à la présente instruction fait connaître les prisons et pénitenciers sur lesquels les condamnés doivent être dirigés.

La mise en route est effectuée conformément aux instructions spéciales à ce sujet.

Pour les condamnés de la marine qui doivent subir leur peine dans un établissement pénitentiaire de la guerre, l'exécution du jugement a lieu dans les conditions ci-dessus, à la diligence du commandant du corps d'armée sur le territoire duquel siège le conseil de guerre maritime ayant prononcé la condamnation.

Transfèrement des condamnés.

Art. 51. La gendarmerie est chargée de la translation des condamnés.

Aucun détenu ne doit être mis en route sans avoir été visité et reconnu en état de supporter les fatigues du voyage. Cette visite donne lieu à inscription sur le cahier de visite médicale de l'établissement.

Pendant la route, les détenus sont déposés dans les prisons militaires ou civiles, ou, à défaut, dans la chambre de sûreté de la caserne de gendarmerie. Il est expressément ordonné de ne laisser séjourner les militaires dans les prisons de passage que le temps strictement nécessaire; la surveillance des officiers de gendarmerie doit être incessante à cet égard.

Les prescriptions relatives au transfèrement des condamnés figurent dans le règlement sur le service de la gendarmerie (1) et font l'objet de l'article 52 ci-après.

---

(1) Décret du 20 mai 1903 (E. M., vol. 39), titre II, chapitre IV.

Arrivée des condamnés dans l'établissement qui doit les recevoir.

Art. 52. A l'arrivée dans l'établissement qui doit le recevoir définitivement, le condamné est écroué dans les conditions indiquées par les articles 36 à 40 ci-dessus. L'agent qui a remis le condamné rend compte de l'incarcération à l'autorité du point de départ qui a mis le condamné en route, en lui adressant une copie du procès-verbal de remise.

Il est accordé, en principe, un repos de quarante-huit heures à tout condamné écroué à titre définitif.

Le jour ou le lendemain de son arrivée, le condamné prend un bain de propreté et est présenté à la visite du médecin de l'établissement.

Le condamné reçoit, aussitôt après, la tenue que comporte l'établissement.

Propositions de grâce et de réduction de peine.

Art. 53. Les condamnés qui se conduisent bien pendant leur séjour dans les établissements pénitentiaires peuvent être proposés pour des grâces ou des réductions de peine, quand ils ont accompli au moins la moitié de la peine qui leur a été infligée, soit par jugement, soit par commutation. Ce délai peut être réduit en faveur des condamnés qui se sont signalés par des actes de courage, de dévouement ou de probité. Il peut être également réduit en faveur des condamnés ayant participé effectivement à des opérations militaires sur les théâtres d'opérations extérieurs, ou ayant appartenu au cours de la guerre, pendant six mois, à une unité combattante, ou ayant été blessés ou cités ou réformés pour maladie contractée au service.

Les propositions sont établies, en principe, deux fois par an.

Les états de proposition (modèle n° 7) doivent parvenir au Ministre, au plus tard, le 1er avril et le 1er octobre de chaque année; ils sont divisés de la manière suivante :

1° Les condamnés ayant subi la moitié de leur peine et proposés pour grâce;

2° Les condamnés ayant subi la moitié de leur peine et proposés pour réduction de peine seulement;

3° Les condamnés ayant plus de dix ans de peine à subir et méritant d'être proposés pour une réduction après avoir accompli cinq ans de leur peine.

Si les condamnés sont détenus en vertu de deux ou plusieurs condamnations à des peines de nature différente (travaux publics et emprisonnement), il y a lieu, quelle que soit la durée totale de ces condamnations, de considérer séparément chacune des peines que ces condamnés ont à subir successivement et de proposer ceux-ci, si on les en juge dignes, pour la grâce ou pour une réduction dès que la moitié de chacune d'elles est accomplie.

En outre, des propositions de grâce peuvent être adressées au Ministre à toute époque de l'année, en faveur des condamnés à l'emprisonnement pour une durée de six mois à un an inclus et qui ont subi la moitié de leur peine. Cette mesure n'est applicable qu'aux militaires condamnés qui, tout en étant dignes d'indulgence, ne peuvent, en raison de la date de leur condamnation, être compris dans les propositions semestrielles.

Des propositions de grâce peuvent également être adressées à toute époque de l'année :

1° En faveur des condamnés en danger immédiat de mort;

2° En faveur des condamnés réformés pour une affection entraînant l'incapacité absolue de travailler à l'intérieur d'un établissement pénitentiaire.

Ces propositions sont adressées individuellement et aussitôt la décision de la commission de réforme en ce qui concerne les réformés.

Les propositions de grâce et de réduction de peine concernant les détenus condamnés par les conseils de guerre maritimes doivent être l'objet de notices (modèle 8). Celles-ci portent, suivant le cas, le visa du gouverneur militaire, du général commandant de corps d'armée, du général commandant la division d'occupation de Tunisie ou du résident général au Maroc et sont transmises au Ministre, qui les adresse à son collègue de la marine.

Interdiction est faite aux commandants d'établissements pénitentiaires de fournir à toutes personnes autres que celles ayant qualité pour émettre des avis sur lesdits états, des renseignements sur les propositions de grâce, de réduction de peine ou d'affectation dont les condamnés peuvent être l'objet.

Destination à donner aux condamnés à l'expiration de leur peine.

Art. 54. Les gouverneurs militaires et les généraux commandant les corps d'armée, la division d'occupation de Tunisie ou les troupes du Maroc sont chargés de régler la destination à donner, après expiration ou remise de leur peine, aux condamnés sortant des établissements pénitentiaires situés sur leur territoire, ou de provoquer en temps utile les ordres du Ministre à cet égard.

Les hommes provenant de l'armée de mer et qui doivent y terminer leur temps de service militaire sont dirigés sans délai sur le 5ᵉ dépôt des équipages de la flotte, à Toulon.

Les affectations sont prononcées conformément aux principes suivants :

I. — Sont affectés aux bataillons d'infanterie légère d'Afrique si le temps de service qu'il leur reste à accomplir n'est pas inférieur à quatre mois :

1° Les militaires et marins reconnus coupables d'une infraction militaire qualifiée crime et condamnés seulement à l'emprisonnement ou aux travaux publics par suite de l'admission de circonstances atténuantes par application de la loi du 19 juillet 1901 modifiée par la loi du 27 avril 1916;

2° Ceux qui ont encouru durant leur service, les condamnations qui, aux termes de l'article 5 de la loi du 1ᵉʳ avril 1923, auraient entraîné une affectation dans un bataillon d'infanterie légère d'Afrique au moment de leur incorporation;

3° Les militaires engagés ou rengagés, les marins rengagés ou inscrits réadmis, qui, étant sous les drapeaux, ont subi des condamnations tombant sous le coup de l'article 5 ou de l'article 6, paragraphe 7 de la loi du 1ᵉʳ avril 1923, ou ceux qui, ayant été par un seul jugement déclarés coupables d'un crime ou d'un délit militaire et d'un des crimes et délits spécifiés aux paragraphes 1ᵉʳ et 2ᵉ de l'article 5 de la même loi, ont été condamnés à la peine des travaux publics, par application de l'article 135 du Code justice militaire ou d'une disposition analogue du Code de justice maritime;

4° Les militaires des bataillons d'infanterie légère d'Afrique qui auront été condamnés pendant leur séjour à ces bataillons, et ceux qui, ayant été réintégrés dans un corps de troupe par mesure de bienveillance, auront encouru dans ce corps une nouvelle condamnation, même quand cette condamnation aurait été prononcée avec le bénéfice du sursis.

Les militaires visés aux paragraphes 1, 2 et 3 ci-dessus qui proviennent des militaires servant au titre étranger dans les régiments étrangers et les indigènes algériens, tunisiens et marocains sont renvoyés dans les corps de troupes étrangers ou indigènes de l'Afrique du Nord ou dans les sections spéciales qui sont organisées dans ces corps.

II. — Sont affectés aux sections spéciales, les militaires visés au paragraphe 1 ci-dessus dont le temps de service à accomplir est inférieur à quatre mois.

La mise en route est effectuée dans les conditions fixées par la circulaire ministérielle n° 7670 C S/1 du 1er avril 1921 (*Bulletin officiel*, page 1640) par les soins d'un corps de la garnison désigné à cet effet par le général commandant le corps d'armée.

Sont dirigés :

1° Sur les sections spéciales A et B de l'ile d'Oléron, les militaires qui étaient détenus sur le territoire des régions ci-après : 1re, 2e, 3e, 4e, 5e, 6e, 7e, 8e, 9e, 10e, 11e, 12e, 13e, 17e, 18e, 20e, gouvernements militaires de Paris, Metz et Strasbourg;

2° Sur la section spéciale de Calvi, ceux qui étaient détenus sur le territoire des : 14e, 15e, 16e, 19e corps d'armée, gouvernement militaire de Lyon et division d'occupation de Tunisie.

3° Sur la section spéciale d'un corps de troupe du Maroc, les militaires provenant des établissements pénitentiaires du Maroc.

Sont renvoyés dans les corps de troupe les condamnés ne rentrant pas dans les catégories précédentes (1).

Il est procédé à l'affectation et à la répartition des hommes affectés aux bataillons d'infanterie légère d'Afrique conformément à l'instruction relative à ces bataillons.

Les militaires provenant des établissements pénitentiaires de Tunisie sont affectés aux bataillons stationnés en Tunisie, ceux provenant des établissements de la métropole, d'Algérie ou du Maroc, sont affectés aux bataillons du Maroc.

La répartition des hommes provenant des troupes métropolitaines et coloniales, à réintégrer dans les corps de troupes, est faite d'après les règles ci-après :

a) Pour les établissements pénitentiaires d'Algérie, de Tunisie et du Maroc, les généraux commandant ces territoires prononcent chacun l'affectation des militaires à réintégrer, sortant des pénitenciers situés sur leur territoire, qu'ils proviennent de France ou d'Afrique, en se conformant à la circulaire minis-

____

(1) Toutefois, sont envoyés aux sections spéciales, les hommes de tous corps qui ont été condamnés, soit pour insoumission en temps de guerre (art. 80 de la loi du 1er avril 1923, et article 230 du Code de justice militaire), soit en vertu de l'article 87 de la loi précitée et de l'article 270 du Code de justice militaire visant la tentative de délits prévus par la loi de recrutem nt. Les hommes provenant déjà des sections spéciales (sections ordinaires ou sections de répression) sont envoyés dans une section de répression. (Modification du 5 septembre 1916, *B. O.*, p. 884.)

térielle du 12 novembre 1902. Ces officiers généraux règlent de même, respectivement, l'affectation des réintégrés sortant des prisons situées sur leur territoire, en se conformant aux indications de la même circulaire, relative aux hommes provenant d'Afrique;

b) Pour les prisons et pénitenciers de France, les gouverneurs militaires et les généraux commandant les corps d'armée de l'intérieur affectent les réintégrés, selon l'arme et la région dont ils proviennent, à un corps de leur région d'origine, chaque fois qu'il se trouve dans cette région un corps auquel l'homme puisse être affecté, d'après les règles générales d'affectation spécifiées dans la circulaire ministérielle du 12 novembre 1902 précitée. A défaut, l'homme est affecté à un corps d'une des régions les plus voisines de celle où il se trouve.

Les dispositions qui précèdent sont également applicables aux militaires condamnés avec sursis et à ceux qui bénéficient des dispositions de l'article 150 du Code de justice militaire.

Pour les condamnés appartenant aux troupes coloniales et qui ne sont pas dans le cas d'être envoyés aux bataillons d'Afrique, les propositions d'affectation sont adressées à l'administration centrale (Direction des Troupes coloniales; Bureau de l'arme).

Le commandant de l'établissement adresse, le 15 de chaque mois, au général commandant le corps d'armée, l'état des détenus dont la peine expire dans le courant du mois suivant, en y joignant l'indication du temps de service militaire restant à accomplir par chacun d'eux et ses propositions pour la destination à donner à chaque condamné (états modèles n°s 9 et 10), établies d'après les règles ci-dessus.

Dès que l'établissement est informé du corps d'affectation d'un détenu libérable, il en avise immédiatement le corps détenteur des pièces matricules en l'invitant à adresser d'urgence ces pièces au nouveau corps.

Lorsqu'un condamné astreint à l'interdiction de séjour est écroué dans un établissement pénitentiaire militaire, le commandant de l'établissement doit, en vue d'assurer l'exécution de l'article 19 de la loi du 27 mai 1885, adresser au Ministre (Direction du Contentieux et de la Justice militaire; Bureau de la Justice militaire), deux mois avant la date présumée de l'élargissement du détenu :

1° Une feuille individuelle (modèle n° 11);

2° Une notice individuelle (modèle n° 12).

Le Ministre provoque alors, auprès de son collègue de l'intérieur, un arrêté d'interdiction de séjour visant les localités interdites à titre général et particulier et dont il est transmis ampliation.

Cet arrêté est notifié, par les soins du commandant de l'établissement ou de l'agent principal, au condamné qu'il concerne et une copie certifiée conforme lui en est remise pour qu'il ne puisse arguer, devant les tribunaux, qu'il n'a pas eu connaissance des localités où il lui est interdit de paraître.

Un récépissé portant la date de cette remise est ensuite adressé au Ministre (Direction du Contentieux et de la Justice militaire; Bureau de la Justice militaire).

Mise en route des détenus libérés.

Art. 55. Les détenus libérables doivent quitter l'établissement le jour même de l'expiration de leur peine. La mise en route sur leur nouvelle destination a lieu à la diligence du général commandant le corps d'armée.

§ 4. — *Dispositions concernant les passagers.*

Pièces accompagnant les passagers.

Art. 56. Les prévenus, inculpés ou condamnés militaires qui sont transférés doivent être accompagnés :

1° D'un ordre de conduite individuel (1) délivré par le commandant de la compagnie ou de l'arrondissement de gendarmerie fournissant l'escorte. A cet ordre sont annexés : une copie certifiée de l'ordre, du mandat ou de la réquisition en vertu duquel a lieu le transfert et les pièces qui doivent suivre l'individu transféré. Ces pièces sont confiées, sous pli cacheté, au commandant de l'escorte et ne sont remises par lui qu'à destination ou au commandant de l'escorte chargé de le relever en cours de route; elles ne sont pas présentées dans les établissements de passage;

2° D'une feuille de route individuelle portant indication des fournitures que le prisonnier doit recevoir en route;

3° D'un inventaire de tous les effets d'habillement et de petit équipement dont il est porteur (modèle 22).

---

(1) Décret du 20 mai 1903 (E. M., vol. 39), modèle 15.

Dépôt des passagers.

Art. 57. Dans chaque établissement de passage, le commandant de l'escorte remet le passager au gardien, avec les formalités prescrites à l'article 36.

Le commandant de l'escorte remet également au gardien, la feuille de route du passager et, s'il y a lieu, l'argent et les valeurs.

Le gardien devient, dès lors, responsable du prisonnier et de tous ses effets pendant toute la durée de sa détention.

Si ces formalités ne sont pas remplies, le commandant de l'escorte en dresse procès-verbal; il peut aussi dresser procès-verbal contre tout gardien qui lui refuse l'ouverture des portes des prisons ou des chambres des passagers.

Si, au moment du départ, le commandant de l'escorte constate que quelques-uns des effets du passager manquent ou sont détériorés, il en dresse un procès-verbal que le gardien est tenu de signer et qui reste annexé à l'ordre de conduite.

CHAPITRE II.

SERVICE INTÉRIEUR DES ÉTABLISSEMENTS PÉNITENTIAIRES.

§ 1er. — *Service journalier, repos, soins de propreté, travaux.*

Emploi du temps pendant les jours ouvrables.

Art. 58. Les jours non fériés, la division et l'emploi de la journée sont réglés dans les établissements de l'intérieur d'après le tableau ci-dessous; les détenus doivent fournir dix heures de travail en toute saison.

DÉTAIL DU SERVICE.	MOIS.		
	Janvier, Février, Novembre et Décembre.	Mars et Octobre.	Avril, Mai, Juin, Juillet, Août, Septembre.
Réveil	7 heures.	6 heures.	5 heures.
Soins de propreté	7 h. à 7. 1/2.	6 h. à 6 h. 1/2.	5 h. à 5 h. 1/2.
Appel	7 h. 1/2,	6 h. 1/2.	5 h. 1/2.
Inspection	7 h. 1/2 à 8 h.	6 h. 1/2 à 7 h.	5 h. 1/2 à 6 h.
Travail	8 h. à 11 h.	7 h. à 11 h.	6 h. à 11 h.
Repas	11 h. à 11 h. 1/2.	11 h. à 11 h. 1/2.	11 h. à 11 h. 1/2.
Repos	11 h. 1/2 à midi.	11 h. 1/2 à midi 1/2	11 h. 1/2 à 1 h.
Travail	midi à 15 h.	midi 1/2 à 15 h.	13 h. à 15 h.
Repos	15 h. à 15 h. 1/4.	15 h. à 15 h. 1/4.	15 h. à 15 h. 1/4.
Travail	15 h.1/4 à 19h.1/4	15h.1/4 à 18h.3/4	15h.1/4 à 18h.1/2
Repas	19 h.1/4 à 19h.3/4	18h.3/4 à 19h.1/4	18 h. 1/2 à 19 h.
Retraite	19 h. 3/4.	19 h. 3/4.	19 h. 3/4.
Appel	20 heures.	20 heures.	20 heures.

Le commandant de l'établissement, sur l'avis du médecin, peut introduire, s'il le juge convenable, dans l'emploi du temps tels changements que les conditions climatériques spéciales ou l'état sanitaire général pourraient nécessiter. Il en rend compte au général commandant le corps d'armée.

En Algérie, en Tunisie et au Maroc, la répartition des heures de travail est fixée par le général commandant le corps d'armée.

Tous les mouvements dans l'intérieur des établissements sont commandés militairement et exécutés en rang et en silence.

Emploi du temps le dimanche et les jours fériés.

Art. 59. Les dimanches et les jours fériés, la division et l'emploi du temps sont réglés à l'intérieur de la manière suivante :

DÉTAILS DU SERVICE.	DU 1er AVRIL au 30 SEPTEMBRE.	DU 1er OCTOBRE au 31 MARS.
Réveil	6 heures.	7 heures.
Appel	6 h. 1/4.	7 h. 1/4.
Corvée de propreté générale	6 h. 1/4 à 7 h. 1/2	7 h. 1/4 à 8 h. 1/2
Soins de propreté corporelle	7 h. 1/2 à 8 h.	8 h. 1/2 à 9 h.
Inspection par section	8 h. à 8 h. 1/2.	9 h. à 9 h. 1/2.
Repos	8 h. 1/2 à 9 h. 1/2.	»
Messe ou exercices religieux (facultatif).	9 h. 1/2 à 10 h.	9 h. 1/2 à 10 h.
Repas	10 h. à 10 h. 1/2.	10 h. à 10 h. 1/2.
Repos ou lecture patriotique et morale.	10 h. 1/2 à 14 h.	10 h. 1/2 à 14 h.
Visite au parloir, nettoyage et entretien des effets : à défaut d'occupation de ce genre, repos	14 h. à 17 h.	14 h. à 17 h.
Repas	17 h. à 17 h. 1/2.	17 h. à 17 h. 1/2
Repos	17 h. 1/2 à 18 h. 1/2	17 h. 1/2 à 18 h.
Retraite	18 h. 1/2.	18 heures.
Appel	19 heures.	18 h. 1/4.

Soins de propreté et d'hygiène des détenus.

Art. 60. Du réveil à l'inspection, les détenus doivent avoir mis en état de propreté leurs effets, être lavés et habillés.

Les ablutions se font dans les locaux aménagés à cet usage.

Des bains par aspersion sont donnés aux détenus, au moins tous les quinze jours, comme dans les corps de troupe.

Une fois par semaine, au moins, il est procédé au lavage des jambes et des pieds.

Le linge sale est ramassé chaque dimanche par les soins des

surveillants qui veillent à ce que les hommes mettent une chemise et un caleçon propres au moins une fois par semaine.

La propreté et l'entretien des effets de couchage font l'objet d'une surveillance particulière.

Entretien de la barbe et des cheveux des condamnés.

Art. 61. Dans tous les établissements pénitentiaires les condamnés ont le visage complètement rasé et les cheveux coupés ras à la tondeuse. Cependant, les commandants d'établissement peuvent autoriser ceux qui se distinguent par leur bonne conduite au cours de l'exécution de leur peine, à porter la moustache. Ils peuvent aussi autoriser les détenus à laisser pousser leur barbe quelque temps avant leur libération.

Les détenus doivent être rasés au moins une fois par semaine. Toutefois, cette prescription n'est pas obligatoire pour les prévenus.

Les cheveux de tous les détenus sont entretenus aussi courts que possible.

Les instruments et ingrédients nécessaires aux détenus perruquiers sont fournis par l'établissement et sont achetés au compte de la masse d'habillement.

Exceptionnellement, à défaut de détenus sachant raser, des militaires pris dans les corps de la garnison sont désignés par le commandant d'armes pour assurer ce service et perçoivent une allocation de 0 fr. 30 par séance qui leur est payée par les soins de l'établissement.

Propreté des locaux.

Art. 62. Des crachoirs en faïence ou fer émaillé, contenant un désinfectant, sont placés en permanence dans les ateliers et les cellules d'isolement nocturne; des crachoirs en faïence sont placés dans les cellules de correction.

Ils sont nettoyés soigneusement chaque jour.

Le sol des cellules et ateliers est lavé chaque semaine et plus souvent s'il est nécessaire. L'eau de lavage est additionnée, quand il y a lieu, d'un désinfectant désigné par le médecin.

Les cellules, salles, corridors, escaliers, préaux, cours, etc..., doivent toujours être tenus en très grand état de propreté.

Les corvées nécessaires sont faites chaque jour par les détenus commandés à cet effet et dirigés par les surveillants.

Tenue.

Art. 63. La tenue des détenus est réglée par les décrets et instructions sur le service de l'habillement dans les pénitenciers et prisons militaires (1).

Le commandant d'armes fixe les dates où doit commencer et cesser le port des tenues d'été et d'hiver en tenant compte des conditions climatériques.

Les hommes punis de cellule sont revêtus de la tenue de travail prescrite et ne reçoivent en principe que des effets hors de service; la couverture de lit et le couvre-pieds ne leur sont remis qu'à la nuit et leur sont retirés au réveil. Ces prescriptions peuvent d'ailleurs être modifiées par le commandant de l'établissement en raison de l'abaissement anormal de la température.

Promenade des officiers détenus.

Art. 64. Les officiers en prévention de conseil de guerre ou condamnés ayant conservé leur grade jouissent de la promenade dans les préaux à des heures fixées par le commandant, lorsque les autres détenus sont aux ateliers.

La durée de cette promenade ne doit pas excéder une heure le matin et une heure le soir.

La corvée de propreté a lieu dans leur chambre pendant la promenade du matin.

Repos.

Art. 65. Les moments de repos sont passés, suivant le temps et la saison, dans les préaux ou promenoirs. Les détenus y sont constamment sous la surveillance des sous-officiers.

Les jeux dits de bois sont autorisés; les autres jeux, ainsi que les chants, clameurs, cris sont interdits.

Des jeux de plein air peuvent être organisés dans les cours intérieures des établissements. Ils sont surveillés par les sous-officiers.

Ces jeux ne doivent occasionner ni désordre ni bruit.

Circulation des détenus dans l'établissement.

Art. 66. L'accès de la guicheterie n'est permis aux détenus qu'en cas de nécessité et en présence d'un surveillant. Ils ne peuvent pénétrer ni séjourner dans les bâtiments de l'administration.

---

(1) Décret et instruction du 8 août 1895. Instruction du 30 mars 1900 (É. M., vol. 57 *ter*).

Un détenu ne peut ni stationner dans les escaliers ni pénétrer dans une autre cellule que la sienne; il lui est défendu de causer et de communiquer avec les détenus occupant les cellules voisines.

Promenade des hommes punis de cellule de correction.

Art. 67. Les détenus punis de la cellule de correction sont conduits dans les préaux ou dans les promenoirs.

La sortie est d'une demi-heure au moins par jour et doit avoir lieu à une heure différente de celle du repos des autres détenus.

Lumière.

Art. 68. Les différents locaux doivent toujours être suffisamment éclairés pour permettre une surveillance efficace. Les appareils d'éclairage doivent toujours être placés hors de l'atteinte des détenus.

Usage du tabac.

Art. 69. Les officiers et les sous-officiers ne peuvent fumer à l'intérieur de l'établissement que dans les locaux et aux heures qui sont déterminés par les consignes.

Les détenus qui se conduisent bien peuvent être autorisés à faire usage de tabac, mais il est défendu de chiquer dans les ateliers et il n'est permis de fumer que dans les promenoirs ou préaux. Une mèche en combustion est mise à la disposition des fumeurs et il est formellement interdit aux détenus d'avoir en leur possession un moyen quelconque d'allumer du feu.

L'usage du tabac à priser est permis en tous lieux.

L'autorisation de faire usage du tabac peut être complètement retirée en cas d'inconduite. Elle est toujours retirée aux hommes punis.

Les dépenses d'achat de tabac sont à la charge des détenus, qui y pourvoient au moyen de leurs fonds particuliers.

Les détenus dont la conduite est bonne peuvent recevoir des bons de tabac dans les mêmes conditions que les militaires des corps de troupe.

Ils peuvent également consommer du tabac ordinaire qui, comme le tabac de cantine, est fourni par l'entrepreneur des vivres supplémentaires.

L'autorisation de faire usage du tabac doit être considérée comme une récompense et un encouragement à la bonne conduite et au travail, indices d'un désir de relèvement.

L'interdiction de fumer dans les cellules doit être l'objet d'une attention particulière de la part des surveillants.

Les détenus ne peuvent recevoir soit par suite d'achats, soit par suite de dons des tiers, plus de deux paquets de tabac par semaine.

Obligation du travail.

Art. 70. Les condamnés, à l'exception des officiers, des sous-officiers et employés militaires restés en possession de leur grade ou de leur emploi, sont astreints au travail.

Ce travail s'exécute dans des ateliers installés dans l'intérieur des établissements. Les prévenus et les passagers non condamnés ne sont pas soumis à l'obligation du travail, mais ils prennent part aux corvées.

Obligation du silence pendant le travail.

Art. 71. Le silence est obligatoire dans les ateliers.

Il ne peut être fait exception à cette règle que pour les explications qu'ont à donner les maîtres, contremaîtres et sous-chefs d'atelier.

Ces explications doivent être demandées et données à voix basse, en présence du surveillant de l'atelier.

Interdiction des corvées extérieures.

Art. 72. Les détenus ne doivent faire aucune corvée à l'extérieur de l'établissement. Toutefois, il sera fait exception à ce principe en ce qui concerne l'entretien des jardins potagers.

Le transport du combustible, des aliments, des effets destinés aux détenus, etc... est assuré par les soins et à la charge des fournisseurs ou par des hommes de la garnison.

Interdiction d'employer des détenus comme domestiques ou secrétaires.

Art. 73. Il est formellement interdit au personnel de l'établissement d'employer des détenus comme domestiques ou secrétaires.

Seuls, les officiers détenus à titre préventif ou les officiers condamnés ayant conservé leur grade, peuvent être autorisés à employer, pour faire leur chambre ou entretenir leurs effets, un détenu pendant une heure par jour et auquel ils paient une gratification quotidienne de 0 fr. 30 versée au fonds particulier du détenu.

Détenus affectés au service intérieur de l'établissement.

Art. 74. Les détenus affectés en permanence à l'exécution de certains travaux du service intérieur de l'établissement, reçoivent un salaire journalier de 0 fr. 30 imputé sur les crédits de la justice militaire, à l'exception des tailleurs et des cordonniers qui sont récompensés comme il est dit à l'article 184.

Les emplois prévus et le nombre des condamnés qui doivent les remplir sont les suivants :

Les perruquiers, à raison de un pour 150 hommes;

Les cuisiniers, à raison de un au-dessous de 75 hommes, de deux de 75 hommes à 150 inclus, et de trois au-dessus de 150 hommes.

Les tailleurs et cordonniers à raison de un par établissement dont l'effectif est inférieur à 150 hommes; il est accordé deux tailleurs et deux cordonniers au-dessus de 150 détenus.

Les infirmiers à raison de un par établissement. En outre, dans les pénitenciers auxquels est affecté un médecin-major, un sergent-major comptable est chargé des détails de l'infirmerie.

Le clairon ou, à défaut, le tambour; ce détenu est chargé, en outre, de l'allumage, de l'extinction et de l'entretien des appareils d'éclairage et de chauffage;

Le détenu employé au magasin, lorsqu'en raison de l'importance du matériel existant, les manutentions ne peuvent être assurées par les condamnés employés aux confections et réparations.

§ 2. — *Police et discipline.*

1° Mesures d'ordre intérieur.

Surveillance de nuit.

Art. 75. Indépendamment des visites et des appels qui ont lieu à des heures déterminées, il est organisé, à l'intérieur de chaque établissement, un service de ronde de nuit. Le commandant fixe chaque jour les heures de ces rondes; l'exécution en est constatée par des contrôleurs de rondes dont il vérifie les feuilles tous les matins.

Tous les sergents-majors et sergents surveillants, à l'exception des concierges, concourent entre eux pour l'exécution de ce service, sous la direction de l'officier adjoint et de l'adjudant-chef ou adjudant de surveillance.

Sous aucun prétexte, le sous-officier de ronde ne peut quitter l'établissement pendant la nuit.

L'officier ou le sous-officier de ronde sont accompagnés par un homme de garde, porteur d'un falot.

Visites des cellules.

Art. 76. Le personnel de surveillance profite du moment où les détenus descendent dans les préaux ou ateliers pour faire l'inspection minutieuse des cellules et examiner avec soin s'il ne s'y trouve pas des objets interdits par les règlements, tels que cordes, allumettes, briquets, couteaux, armes quelconques, et s'il n'y a pas été pratiqué des dégradations au casernement ou au matériel.

Marques de respect des détenus vis-à-vis du personnel.

Art. 77. Les détenus doivent constamment se montrer respectueux envers leurs chefs de tous grades. Toutes les fois qu'ils se trouvent en leur présence, ils doivent se découvrir. Ce salut ne se renouvelle pas dans le cours ordinaire du service, sauf lorsque le commandant parcourt l'établissement. Dans la cour, aux promenoirs découverts, les détenus doivent saluer de la manière spécifiée au règlement sur le service intérieur.

Ils ne doivent adresser la parole à leurs supérieurs qu'avec réserve et déférence, et seulement pour les objets relatifs à leur travail ou à leurs besoins.

Devoirs généraux des détenus.

Art. 78. Les détenus doivent travailler avec assiduité et le mieux possible. Ils doivent obéir immédiatement à tous ordres donnés et se conformer à toutes les consignes de l'établissement.

Ils ne peuvent parler entre eux qu'aux heures de repos.

Toute démonstration, toute clameur tendant à rompre le silence et le calme qui doivent constamment régner, soit dans les cellules, soit dans les ateliers, sont interdites.

Révoltes et alertes.

Art. 79. En cas de mutinerie, révolte, bris de prison, tentative d'évasion et autres cas graves, le sous-officier de service fait sonner la cloche d'alarme.

Les officiers et sous-officiers de service restent à leur poste et interdisent toute communication entre les détenus. Ceux qui ne sont pas de service se rendent immédiatement à la guicheterie.

Le commandant prend les dispositions que le cas exige et se concerte au besoin avec les autorités militaires et civiles du lieu; il avise sans délai le commandant d'armes.

2° Punitions des détenus.

Différentes punitions des détenus.

Art. 80. Les punitions à infliger aux condamnés, selon la gravité de leurs fautes, sont :

1° La privation d'achats de vivres supplémentaires;

2° Les corvées hors tour;

3° La privation de préau avec réclusion dans les cellules d'isolement pendant le temps du repos;

4° La cellule de correction.

Les punitions sont subies dans les conditions suivantes :

La privation d'achats de vivres supplémentaires s'applique à tous les objets que les détenus peuvent se procurer sur leur fonds particulier : vin, tabac, vivres supplémentaires, etc.

La privation de préau avec réclusion dans les cellules d'isolement pendant le temps de repos, consiste à passer dans une cellule le temps de la récréation; elle est infligée par périodes de trois jours avec interruption de deux jours, sans pouvoir excéder douze jours, c'est-à-dire quatre périodes de trois jours; elle doit, dans tous les cas, être suspendue dès que le médecin la déclare compromettante pour la santé de l'intéressé.

Les détenus punis de privation de préau sont visités tous les jours par le médecin.

La cellule de correction se subit par périodes de sept jours séparées par un intervalle de quatre jours et ne peut être infligée pour plus de quarante jours, c'est-à-dire pour quatre périodes de sept jours.

Pendant les périodes de sept jours, le détenu ne reçoit jamais la soupe du soir et ne reçoit celle du matin que le quatrième jour.

Pendant l'intervalle des quatre jours séparant chaque période, le détenu, qui reste en cellule, reçoit tous les jours la soupe du matin et jamais celle du soir.

La ration de pain est toujours donnée aux punis de cellule.

Les détenus punis de cellule de correction sont visités tous les jours par le médecin; le résultat de cette visite est consigné, pour chacun d'eux, sur le cahier de visite médicale.

Les militaires détenus à titre préventif ne peuvent subir que les punitions énumérées dans le règlement sur le service intérieur des corps de troupe; les punitions de cellule qui leur sont infligées sont subies dans les conditions indiquées par ce règlement. Toutefois, on peut leur infliger la privation d'achats de vivres supplémentaires.

Mise aux fers de sûreté.

Art. 81. Tous les détenus, à quelque catégorie qu'ils appartiennent, peuvent, en cas de fureur ou de violence grave susceptibles de les rendre dangereux pour eux-mêmes ou pour les autres, recevoir l'imposition des fers de sûreté.

Ces fers consistent en pedottes et menottes du modèle réglementaire. Leur imposition est une mesure toute préventive qui ne constitue pas une punition et ne peut pas être ordonnée pour un temps déterminé; elle prend fin de plein droit en même temps que cesse l'état qui l'avait motivée. Lorsque ce moyen exceptionnel est employé, il en est rendu compte immédiatement au général commandant le corps d'armée.

Là mise aux fers ne peut être ordonnée que par le commandant de l'établissement ou, en cas d'urgence et avec l'obligation d'en rendre compte immédiatement au commandant, par l'officier adjoint. Elle peut être ordonnée également par l'agent principal.

Le commandant de l'établissement ou l'agent principal a le devoir de s'assurer personnellement de l'opportunité de cette mesure et d'y mettre fin aussitôt que cesse l'état qui l'avait motivée.

Toute mise aux fers est signalée sur le rapport journalier avec indication du motif et de la durée de son application.

Par qui les punitions sont ordonnées.

Art. 82. Les punitions des militaires détenus à titre préventif sont ordonnées dans les conditions prévues par le règlement sur le service intérieur des corps de troupe (1); les droits des divers agents sont fixés d'après leur grade conformément à ce règlement, le commandant de l'établissement ayant les droits dévolus à un chef de corps et l'agent principal les droits dévolus à un commandant de compagnie.

---

(1) Décret du 28 mai 1924 (vol. **78**).

Les punitions des condamnés sont infligées, savoir :

AUTORITÉS POUVANT INFLIGER LES PUNITIONS.	PRIVATION D'ACHATS de vivres supplémentaires et corvées hors tour.	PRIVATION DE PRÉAU avec réclusion dans les cellules pendant le repos.	CELLULE DE CORRECTION.
	jours.	jours.	jours.
Sergent surveillant.........	3	2	»
Sergent major surveillant..	4	3	»
Adjudant-chef et adjudant de surveillance..........	6	4	»
Adjudant-chef agent principal....................	8	8	7
Officier adjoint au commandant de l'établissement...	12	8	7
Commandant de l'établissement....................	30	12	18
Général commandant le corps d'armée...........	»	»	40

Le commandant de l'établissement et le général commandant le corps d'armée ont le droit d'augmenter, diminuer, changer ou faire cesser les punitions prononcées par leurs subordonnés.

Les officiers d'administration et les sous-officiers comptables qui estimeraient qu'un détenu est passible d'une punition adressent un compte rendu détaillé au commandant de l'établissement ou à l'agent principal qui statue.

Punitions des officiers.

Art. 83. Les officiers détenus à titre préventif dans les prisons et les officiers condamnés ayant conservé leur grade ne peuvent être punis que par le commandant de l'établissement et si celui-ci est d'un grade égal ou supérieur au leur; dans le cas contraire, le commandant de l'établissement demande une punition au commandant d'armes, qui saisit, s'il y a lieu, le général commandant le corps d'armée.

Mesures spéciales de rigueur à l'égard des détenus punis de cellule
de correction.

Art. 84. Les détenus punis de cellule de correction ne peuvent obtenir l'autorisation d'améliorer la nourriture réglementaire.

Toute visite de l'extérieur est interdite pour eux.

Cas de crimes ou délits commis par les détenus.

Art. 85. Les punitions énumérées à l'article 80 n'ont pour objet que la répression des fautes commises en contravention aux règles du service intérieur et de police; mais, pour les délits et crimes, les détenus sont poursuivis judiciairement.

Registre des punitions.

Art. 86. Il est tenu dans chaque établissement un registre des punitions du modèle des corps de troupe sur lequel sont inscrites journellement les punitions infligées aux détenus quelle qu'en soit la nature et la durée.

La mise aux fers, bien que n'étant pas une punition, y sera portée avec l'indication du motif de son application et du temps pendant lequel elle aura duré.

Un relevé des punitions est adressé au corps ou à l'établissement sur lequel le détenu sortant est dirigé.

Un autre registre est tenu pour les punitions infligées aux sous-officiers de l'établissement.

3° **Réclamations.**

Interdiction des réclamations collectives.

Art. 87. Toute réclamation collective, quel qu'en soit l'objet, est interdite.

Réclamations individuelles par la voie hiérarchique.

Art. 88. Les réclamations individuelles sont présentées hiérarchiquement. Elles doivent toujours être transmises et être soumises au commandant, qui statue ou transmet à l'autorité intéressée.

Réclamations directes au moment des inspections.

Art. 89. Les détenus, après avoir réclamé hiérarchiquement, ainsi qu'il est dit ci-dessus, peuvent s'adresser directement aux différentes autorités chargées de l'inspection de l'établissement au moment de leur passage ou au commandant d'armes lors de ses visites.

Les réclamations écrites sont transmises au général commandant le corps d'armée.

Punition en cas de réclamation non fondée.

Art. 90. Il est infligé une punition sévère au détenu qui fait sciemment une réclamation reconnue non fondée après enquête.

4° Garde de police.

Poste de garde.

Art. 91. Un poste chargé de la garde des détenus est placé près de chaque établissement. Il est entièrement aux ordres du commandant ou de l'agent principal, qui, seuls, peuvent en disposer suivant les besoins du service, déterminer l'emplacement des sentinelles, régler les heures de ronde, etc.

Cependant, en cas d'urgence, la garde de police doit déférer immédiatement à toute réquisition du personnel.

Les sergents surveillants ne commandent des hommes avec armes chargées que lorsqu'ils ont affaire à un détenu réputé dangereux ou possédant une arme qu'il aurait réussi à dissimuler ou à dérober, ou tout autre objet pouvant déterminer des blessures dont il menacerait de faire usage. Dans toute situation, on ne doit faire feu qu'en cas de nécessité absolue, lorsque la vie d'un gradé, d'un homme de garde ou d'un détenu se trouve en danger imminent.

Le poste ne fait ni ronde ni patrouille pour le service de la place.

Force du poste de garde.

Art. 92. La force du poste est déterminée par les gouverneurs militaires ou les commandants de corps d'armée sur la proposition du commandant de l'établissement en raison de l'importance et de la situation de l'établissement. Aucun militaire ayant été antérieurement détenu dans un établissement pénitentiaire militaire ne peut en faire partie.

A tous les mouvements en masse opérés par les détenus, la garde de l'établissement sort du poste et reste sous les armes.

Consignes permanentes des chefs de poste et sentinelles.

Art. 93. Les factionnaires et chefs de poste doivent recevoir et observer les consignes générales et permanentes suivantes :

1° Les factionnaires ont pour consigne de veiller soigneusement à la sûreté extérieure de l'établissement et de prévenir le chef de poste du moindre fait qui peut la compromettre;

2° Les sentinelles n'auront pas leurs fusils chargés, sauf dans les cas prévus par le décret sur le service de place (1).

Chaque sentinelle disposera, toutefois, de deux cartouches libres, qu'elle placera à portée de la main dans une cartouchière;

3° Si un factionnaire voit, pendant le jour, un ou plusieurs détenus sur les toits ou escaladant les murs, il leur fera immédiatement la sommation de s'arrêter, et il donnera sur-le-champ l'alarme en criant : « Aux armes », cri qui sera répété par les autres factionnaires, afin que le chef de poste en soit informé par la sentinelle posée devant les armes;

4° Si une tentative d'évasion a lieu la nuit, la sentinelle charge son fusil, en criant une seule fois : « Halte-là ou je fais feu ! » Si, malgré cet avertissement, l'évadé ne s'arrête pas, la sentinelle fait feu et appelle la garde;

5° Si un détenu paraît la nuit à une fenêtre, le factionnaire doit, à trois reprises différentes, le sommer de se retirer. Il ne fera feu qu'après la dernière sommation. Il ne doit jamais être fait feu sur les individus placés derrière des barreaux qui peuvent faire obstacle à la tentative d'évasion;

6° En dehors des cas prévus par les paragraphes 4° et 5°, les factionnaires ne doivent jamais faire usage de leurs armes qu'à leur corps défendant;

7° Les dispositions qui précèdent devront être l'objet de l'attention constante du chef de poste; les instructions les plus précises et les plus explicites devront être données aux caporaux de poste, pour que les factionnaires sachent exactement à quoi s'en tenir sur leur exécution;

8° En cas de révolte nettement caractérisée, mettant en danger le personnel de surveillance ou en échec complet son autorité; le commandant de l'établissement ou l'agent principal pourra, sous sa responsabilité personnelle et après que tous les autres moyens de rétablir l'ordre auront été épuisés, requérir les mi-

---

(1) Décret du 7 octobre 1909 (É. M., vol. 75).

litaires préposés à la garde dudit établissement de faire, après les sommations réglementaires, usage de leurs armes pour réprimer la rébellion.

Les consignes permanentes ou particulières sont affichées au corps de garde et à la guicheterie.

Interdiction aux sentinelles de communiquer avec les détenus.

Art. 94. Il est interdit aux sentinelles d'avoir aucune communication avec les détenus.

Les contrevenants sont signalés au commandant de l'établissement.

Planton mis à la disposition des pénitenciers.

Art. 95. Dans les pénitenciers, il peut, sur l'ordre du commandant d'armes, être fourni un planton. Nul ne peut disposer de ce planton, si ce n'est pour le service de l'établissement et avec l'autorisation du commandant.

De même, lorsque le commandant d'armes le juge absolument nécessaire, un gendarme peut être commandé pour faire le service de planton à la prison.

Les fonctions du gendarme de planton sont, dans chaque cas particulier, déterminées par le commandant d'armes.

Lorsque ce gendarme est employé à escorter un détenu, il veille rigoureusement, sous sa responsabilité personnelle, à ce que l'homme placé sous sa garde ne communique avec personne.

§ 3. — *Entrées et sorties. Visites.*

Entrée et sortie du personnel de l'établissement.

Art. 96. Les portes extérieures de chaque établissement s'ouvrent une demi-heure après le réveil et se ferment une demi-heure après la retraite.

Le commandant de l'établissement ou l'agent principal, les officiers attachés à l'établissement, le médecin et l'aumônier peuvent entrer et sortir toutes les fois qu'ils se présentent. Les sous-officiers de service ne peuvent sortir, ni rentrer, hors des heures fixées ci-dessus, ou déterminées par les consignes particulières, sans une permission du commandant ou de l'agent principal.

Entrée des détenus.

Art. 97. Les détenus sont reçus à toute heure du jour et de la nuit.

Si le détenu est amené pendant la nuit, le portier fait prévenir dans les prisons l'agent principal ou, à son défaut, le greffier; dans les pénitenciers le commandant ou, à son défaut, l'officier adjoint.

Il est procédé, pour toutes les formalités d'incarcération ou d'écrou, comme il est dit aux articles 37 et suivants.

Sortie des détenus.

Art. 98. Les détenus ne doivent jamais sortir qu'accompagnés par des surveillants ou sous escorte. Tout agent étranger à l'établissement qui procède à l'extraction d'un prisonnier doit présenter au portier un permis de sortie délivré par le gardien de l'établissement. De même, aucun détenu renvoyé librement ne peut sortir sans présenter au portier un permis de sortie et être accompagné par un surveillant jusqu'à la porte extérieure de l'établissement.

Personnes ayant droit de pénétrer dans la détention d'une façon permanente.

Art. 99. Les commissaires du gouvernement, les rapporteurs et les substituts, assistés de leurs greffiers, peuvent communiquer à toute heure avec les détenus contre lesquels ils dirigent des poursuites et avec ceux désignés comme témoins.

Les officiers généraux exerçant un commandement dans la place, le chef d'état-major du corps d'armée, les chefs d'état-major des divisions territoriales en Algérie, en Tunisie et au Maroc, le commandant d'armes, les membres des parquets militaires, le directeur et le chef du génie, le médecin chargé du service de santé de l'établissement, les contrôleurs de l'administration de l'armée, l'intendant militaire et le fonctionnaire de l'intendance chargé de la vérification des comptes peuvent seuls pénétrer dans les établissements sans une permission écrite.

Les ministres des cultes reconnus par l'Etat, régulièrement agréés pour assurer le service religieux, jouissent de la même faveur.

Le gouverneur militaire ou le général commandant le corps d'armée, peuvent suspendre ce privilège, en cas de circonstance imprévue, mais ils doivent en rendre compte au Ministre.

Aucune personne autre que celles énumérées au présent article ne peut être admise à visiter un établissement pénitentiaire militaire sans une autorisation spéciale délivrée par le Ministre de la guerre, le gouverneur militaire ou le général commandant le corps d'armée.

Délivrance des permis de visiter les détenus.

Art. 100. Aucune personne ne peut être admise à communiquer avec les condamnés détenus sans une permission nominative valable pour une fois, délivrée par le commandant d'armes (modèle 25).

Si le détenu n'est que prévenu ou inculpé, la permission, pour être valable, doit porter le visa du commissaire du gouvernement et du rapporteur.

Toutes les permissions de visiter sont relevées par le surveillant portier, sauf les certificats de défenseurs attitrés, spécialement accordés aux avocats.

Les permissions sont remises au commandant de l'établissement.

Tableau des avocats.

Art. 101. Le tableau des avocats inscrits dans le département doit être affiché d'une façon apparente dans les préaux ou quartiers affectés aux prévenus ou inculpés.

Ce tableau est communiqué sur leur demande aux intéressés et l'agent principal est tenu de recevoir et de transmettre leurs déclarations relativement au choix d'un défenseur.

Admission des avocats défenseurs.

Art. 102. L'agent principal doit transmettre toute demande d'un prévenu tendant à conférer avec son conseil.

Le conseil peut, aussitôt après la première comparution, conférer librement et sans témoins avec l'inculpé. Le commissaire du gouvernement lui délivre, sur sa demande, un certificat constatant qu'il est défenseur de l'inculpé. Cette pièce n'a pas besoin d'être renouvelée pendant la durée de l'instruction.

Installation du parloir.

Art. 103. Dans tout établissement pénitentiaire militaire, le parloir doit être divisé en deux parties par une grille double dont les deux parois sont suffisamment espacées pour que les visiteurs ne puissent avoir aucun contact avec les détenus ni leur faire passer aucun objet.

Lieu des visites.

Art. 104. Les visites aux détenus ne sont autorisées qu'au parloir, en présence d'un surveillant.

Il ne doit jamais être admis plus de dix personnes en même temps dans le parloir.

Toutefois, par mesure ou faveur personnelle, l'autorisation de communiquer directement avec les détenus dans la partie réservée aux visiteurs, en présence d'un surveillant, peut être accordée aux proches parents. Ces faveurs exceptionnelles doivent être combinées de manière que deux ou plusieurs détenus ne se trouvent jamais simultanément dans la partie du parloir réservée au public.

Les officiers détenus à n'importe quel titre peuvent être autorisés à recevoir des visites dans leur chambre.

Les avocats défenseurs communiquent librement avec les détenus inculpés, autant que possible dans une salle spéciale; les officiers peuvent recevoir leurs défenseurs dans leur chambre.

Jours et heures de visite aux détenus.

Art. 105. Dans tous les établissements pénitentiaires, les détenus ne reçoivent de visite que les dimanches ou jours fériés, de 13 heures à 16 heures, à moins d'autorisation spéciale des gouverneurs militaires ou des commandants de corps d'armée.

Il est fixé des heures particulières de visite pour les officiers détenus.

La durée de chaque visite ne doit pas dépasser une demi-heure.

Les avocats défenseurs sont admis tous les jours, du réveil au coucher, sauf pendant le temps des repas; la durée de leurs visites n'est pas limitée.

Devoirs du sous-officier portier à l'égard des visiteurs.

Art. 106. Le sous-officier portier avertit les visiteurs qu'il leur est interdit de remettre aucun objet aux détenus. Il reçoit de leurs mains ou arrête sur eux, après les avoir fouillés, si cela est nécessaire, tous les objets apportés par eux à destination des détenus, ou tous paquets ou objets suspects dont ils seraient porteurs.

La fouille des femmes est pratiquée par la femme d'un sous-officier du personnel de l'établissement.

A l'exception des chaussettes, gilets de flanelle et de tricot, savons et paquets de tabac, tous les objets apportés aux détenus et tous paquets arrêtés sont rendus à leurs propriétaires, au moment de leur sortie de l'établissement.

Les objets admis sont soumis à un examen minutieux au greffe de l'établissement; le savon et les paquets de tabac sont coupés en plusieurs parties. La distribution des objets autorisés est ensuite opérée, dans l'enceinte réservée aux détenus, sous les yeux du donateur.

L'argent et les timbres-poste sont remis à l'officier d'administration comptable (ou à l'agent **principal**), qui inscrit les sommes à l'avoir du compte du fonds particulier du détenu et conserve les timbres-poste dans les conditions fixées à l'article 111.

Le sous-officier portier visite également à la sortie tous les paquets des entrepreneurs et de leurs préposés.

Affichage des prescriptions relatives aux visiteurs.

Art. 107. Les prescriptions concernant les visiteurs sont affichées dans le parloir. Le surveillant de service invite les visiteurs à les lire; il en donne connaissance verbalement à ceux qui seraient dans l'impossibilité de les lire.

Devoirs du sous-officier surveillant du parloir.

Art. 108. Le surveillant de service au parloir veille, sous sa responsabilité, à ce qu'aucune somme, aucun écrit ou papier, aucun outil ou autre objet ou paquet ne soit remis aux détenus.

Contraventions commises par les visiteurs.

Art. 109. Le visiteur surpris en contravention aux prescriptions visées ci-dessus est immédiatement expulsé du parloir. Il peut être privé de toute nouvelle permission, sans préjudice des poursuites judiciaires qu'il pourrait y avoir lieu d'exercer en raison de la nature des objets introduits.

Dans ce cas particulier, il est dressé procès-verbal des faits par l'officier adjoint ou l'agent principal assisté du surveillant.

Les objets que le visiteur aurait réussi à dissimuler au sergent portier et dont il aurait tenté la remise sont saisis et déposés au greffe; les comestibles sont envoyés à l'hôpital ou distribués aux pauvres.

Destination donnée aux colis envoyés aux détenus.

Art. 110. Les colis ou paquets adressés aux détenus sont ouverts par le portier en présence de l'officier adjoint ou de l'agent principal et du détenu. Seuls les objets énumérés à l'article 106 sont remis à l'intéressé, qui en donne récépissé. Les autres objets reçoivent la destination indiquée à l'article 109.

Les condamnés ne peuvent recevoir plus d'un colis par mois. Les colis en surnombre sont refusés à l'arrivée.

Les prévenus peuvent recevoir des comestibles une fois par semaine.

§ 4. — *Correspondance des détenus.*

Correspondance des condamnés.

Art. 111. Sauf autorisation spéciale en cas exceptionnels ou imprévus, les condamnés ne sont admis à écrire des lettres qu'une fois par semaine et de préférence les dimanches et jours fériés.

Les porte-plume, plumes, encre, papier à lettres et enveloppes sont fournis gratuitement aux détenus y compris ceux en traitement dans les hôpitaux; les frais d'achat de ces objets et matières sont imputés sur les fonds de la masse d'habillement.

Les condamnés correspondent librement et sous lettres fermées avec les autorités judiciaires ou administratives. Pour toutes autres correspondances, ils sont soumis aux prescriptions suivantes :

Les lettres des condamnés, placées sous enveloppe, sans signe extérieur à l'adresse du destinataire, sont déposées, non fermées, dans une boîte dont la clef est entre les mains du commandant ou de l'agent principal.

· Le commandant de l'établissement ou l'agent principal lit les lettres écrites par les condamnés ainsi que celles qui leur sont adressées.

Il communique immédiatement, et sous pli confidentiel, au commandant d'armes ou au général commandant le corps d'armée lorsque le commandant de l'établissement est en même temps commandant d'armes, les lettres dont la remise ou l'envoi lui semble présenter des inconvénients.

Le commandant d'armes, ou le général commandant le corps d'armée, suivant le cas, juge si les lettres communiquées doivent être retenues.

En principe, les détenus punis de cellule sont privés de la faculté d'écrire. Le commandant de l'établissement reste juge des cas exceptionnels dans lesquels l'autorisation peut leur être accordée.

Il ne doit être apposé sur les enveloppes des lettres écrites par les détenus aucun cachet portant la mention de l'établissement ni aucune indication de cette nature. Les lettres bénéficiant de la franchise ne doivent porter sur l'enveloppe que le timbre à date de la poste.

Toutes les lettres adressées aux détenus sont ouvertes par le commandant de l'établissement au rapport journalier, en présence de l'officier adjoint et de l'officier comptable, et dans les prisons, en présence de l'adjudant greffier et d'un sergent-major.

Celles d'entre elles qui contiennent des mandats ou des valeurs sont l'objet d'un enregistrement sur un registre spécial (modèle n° 23). La mention suivante est apposée visiblement à l'encre rouge et signée des trois coopérants :

« Numéro d'inscription au registre :

« La somme de   (en billets de banque, bon de poste, mandat poste, timbres-postes ou obligations de   n°) a été trouvée sous le pli contenant la présente lettre.

« A   , le   19 . »

(Les trois signatures.)

Les mandats sont remis le jour même au vaguemestre pour être touchés; les fonds et valeurs sont remis incontinent à l'officier comptable ou à l'agent principal, qui en prend charge dans une colonne spéciale du registre susvisé.

L'officier comptable ou l'agent principal conserve les timbres-poste dans sa caisse et tient un carnet auxiliaire de distribution (modèle n° 26) au fur et à mesure des besoins de la correspondance.

Afin d'assurer le secret de la correspondance, le commandant de l'établissement doit toujours refermer, au moyen d'une bande gommée, les lettres adressées aux détenus après qu'il les a lues.

Correspondance des militaires détenus à titre préventif.

Art. 112. Les militaires détenus à titre préventif peuvent écrire tous les jours.

Ils correspondent librement et sous lettres fermées avec leur défenseur et avec les autorités judiciaires ou administratives. Les correspondances qui leur sont adressées par leur conseil et qui sont contresignées par celui-ci d'une manière apparente sur l'enveloppe ne sont pas lues.

Pour toutes les autres correspondances, ils sont soumis aux mêmes règles que les condamnés; de plus, leurs correspondances peuvent être communiquées aux commissaires du gouvernement et aux rapporteurs près les conseils de guerre.

Affranchissement, à titre gratuit, des lettres des détenus.

Art. 113. Les détenus militaires bénéficient du droit à l'exemption de port pour l'expédition de deux lettres simples par mois, dans les conditions prévues par la loi du 29 décembre 1900.

Les établissements se conforment entièrement, pour l'application de ce droit et la tenue de la comptabilité des timbres, aux instructions données à ce sujet aux corps de troupes.

§ 5. — *Service de santé. Hygiène.*

Conditions d'exécution du service sanitaire.

Art. 114. Le service sanitaire de chaque établissement est confié, sur la proposition du directeur régional du service de santé, à un médecin militaire.

Le médecin chargé du service dirige et surveille sous sa responsabilité l'infirmerie de l'établissement dans les conditions prévues par le règlement du 25 novembre 1889 sur le service de santé de l'armée, en ce qui concerne les infirmeries régimentaires, et par le décret sur le service des places. Il est tenu de se conformer aux ordres et consignes spéciaux relatifs à la police de l'établissement. Il visite les détenus malades tous les jours, aux heures fixées par le commandant d'armes, et à toute réquisition en cas d'événement imprévu.

Tous les mois, le médecin fait, à la salle de visite, une visite individuelle des détenus, dans les conditions prévues par le règlement sur le service intérieur des corps de troupe d'infanterie.

Les détenus doivent être pesés au cours de cette visite.

Il s'assure, toutes les fois qu'il le juge utile, que tout ce qui intéresse la salubrité et l'hygiène est observé dans l'établissement; il passe fréquemment dans les cuisines pour examiner la qualité des aliments. Il vérifie également la qualité des denrées et liquides mis en vente par l'entrepreneur de la cantine. Il transmet, s'il y a lieu, ses remarques et propositions au commandant de l'établissement.

Il doit ses soins à tous les militaires employés dans l'établissement et à leur famille.

Il donne aux gradés de l'établissement quelques indications sur l'emploi de certains médicaments et sur quelques points de médecine pratique.

A la fin de chaque année, il établit un rapport spécial pour signaler les causes constatées ou présumées des maladies épidémiques et contagieuses qui ont pu se manifester dans l'établissement, les moyens hygiéniques employés pour les combattre, les précautions à prendre pour les faire cesser et en prévenir le retour. Ce rapport est transmis au général commandant le corps d'armée qui le communique au Ministre (Direction du Contentieux et de la Justice militaire).

Visite médicale des détenus (1).

Art. 115. Les détenus malades ou écroués depuis la veille sont présentés au médecin dans la salle de visite de l'infirmerie; ceux qui ne peuvent pas se lever ou qui sont soumis au régime de correction sont visités dans leur cellule.

Le médecin désigne, quand il y a lieu, les détenus qui doivent être envoyés à l'infirmerie ou transférés à l'hôpital. Le commandant de l'établissement, ou l'officier adjoint, ou l'agent principal accompagne le médecin pendant sa visite du casernement.

Les détenus punis de cellule de correction ou de privation de préau sont obligatoirement visités chaque jour par le médecin qui consigne pour chacun d'eux, sur le cahier de visite médicale, le résultat de cette visite.

Discipline et surveillance des malades à l'infirmerie.

Art. 116. Les hommes traités à l'infirmerie ne peuvent avoir aucune communication avec les autres détenus; ils sont l'objet d'une surveillance spéciale.

Lorsque le médecin juge la promenade nécessaire à certains malades, ils sont conduits au préau sous la garde d'un surveillant à des heures différentes de celles qui sont attribuées aux autres détenus.

---

(1) Les accidents survenus aux condamnés militaires ne donnent jamais lieu à certificat d'origine de blessure. (Note du Bureau des Pensions, 3 janvier 1902, n° 29; circulaire du 21 juillet 1902. vol. 83.)

Les officiers malades non envoyés à l'hôpital sont traités dans leur chambre.

Dans les pénitenciers un sergent-major comptable est chargé des détails de l'infirmerie. Un ou plusieurs infirmiers pris dans un corps de troupe peuvent lui être adjoints.

Régime alimentaire des détenus à l'infirmerie. Chauffage et éclairage de l'infirmerie.

Art. 117. La nourriture des malades est, en principe, la même que celle des autres détenus, mais elle peut varier quant à l'espèce et à la quantité des aliments, selon les prescriptions du médecin.

Les allocations de chauffage et d'éclairage nécessaires à l'infirmerie sont comprises dans le procès-verbal dressé pour l'ensemble de l'établissement. Le médecin règle le chauffage des locaux affectés aux malades et de la salle de visite.

Habillement des détenus à l'infirmerie.

Art. 118. Les hommes admis à l'infirmerie échangent contre des effets d'habillement hors de service les vêtements dont ils sont porteurs; ceux-ci sont déposés au magasin après avoir été nettoyés et sont rendus aux intéressés à leur sortie.

Admission des détenus dans les hôpitaux.

Art. 119. L'admission et le traitement des détenus dans les hôpitaux ont lieu conformément au règlement sur le service de santé. Le transfèrement et la réintégration sont effectués conformément à l'article 42 ci-dessus.

Fourniture du matériel, des médicaments, objets de pansement et d'exploitation. Bandages herniaires et lunettes.

Art. 120. Il est pourvu à la fourniture des bandages herniaires et lunettes nécessaires aux hommes de l'établissement, dans les conditions indiquées par le règlement sur le service de santé pour les infirmeries régimentaires.

Les médicaments et objets de pansement sont demandés au service de santé, à charge de remboursement sur les crédits de la justice militaire. Le matériel et les objets d'exploitation nécessaires à l'infirmerie figurent dans la nomenclature générale du service de la justice militaire; ils sont fournis et réformés ainsi qu'il est dit aux articles 212 et 218.

Registres et écritures à tenir.

Art. 121. Les registres sont analogues à ceux prescrits par le règlement sur le service de santé de l'armée à l'intérieur pour les infirmeries régimentaires, réduits strictement aux besoins du service.

Imputation des dépenses d'infirmerie.

Art. 122. Il n'est pas constitué de masse·d'infirmerie dans les établissements pénitentiaires militaires. Les frais de nourriture des détenus soumis au régime normal ou au régime spécial sont supportés par la masse d'ordinaire. Les dépenses d'achat de registres, d'imprimés et d'objets divers sont, dans la limite de 30 francs par an, imputées à la masse d'habillement.

§ 6. — *Exercice des cultes.*

Conditions d'exécution.

Art. 123. L'exercice des cultes comporte l'assistance individuelle des détenus valides ou malades qui la désirent, ainsi que les exercices collectifs célébrés, suivant les usages consacrés pour chaque religion, sur la demande d'un ou plusieurs détenus.

En ce qui concerne l'assistance individuelle, le commandant de l'établissement fait appeler, si cela est possible, le ministre du culte qui est désigné nominativement par le détenu intéressé, et lui accorde l'autorisation de se rendre auprès de ce dernier sans avoir à s'occuper de la validité de ses pouvoirs religieux.

Il peut toutefois, après avoir au besoin demandé avis au commandant d'armes, refuser l'autorisation au ministre du culte désigné, si son introduction dans l'établissement lui paraît présenter des inconvénients au point de vue de la police et de la discipline.

Lorsque l'assistance d'un ministre du culte est réclamée sans désignation nominative, pour des pratiques religieuses individuelles, ou s'il s'agit de pourvoir à des exercices collectifs, le commandant de l'établissement s'adresse au ministre du culte désigné préalablement par l'autorité militaire.

A cet effet, le commandant de l'établissement se met en rapport avec les représentants, dans la place, des associations cultuelles formées par application de la loi du 9 décembre 1905, ou des associations de droit commun constituées conformément à la loi du 2 janvier 1907 pour subvenir à l'exercice public du culte.

A défaut d'association de l'une ou de l'autre catégorie, le commandant de l'établissement s'adresse directement aux ministres des cultes en résidence dans la place ou à proximité. Ceux-ci doivent, le cas échéant, justifier des titres nécessaires à l'exercice de leur sacerdoce.

Les propositions sont alors soumises à l'approbation du général commandant le corps d'armée.

Si le choix d'un ministre du culte présente des difficultés, soit à raison de la vérification des titres ecclésiastiques, soit par suite de toute autre circonstance, l'autorité militaire consulte l'administration préfectorale.

Les ministres des différents cultes, désignés comme il vient d'être dit, exercent librement leur ministère, à la condition qu'il ne soit porté aucune atteinte aux règles de police et de discipline. Les jours et heures des exercices collectifs sont fixés par l'autorité militaire, de concert avec le représentant du culte intéressé.

Les servants du culte peuvent être choisis, par le commandant, parmi les détenus, avec leur consentement, sur la proposition du ministre du culte intéressé.

Indépendamment de la chapelle affectée au culte catholique, un local est réservé pour les exercices des autres cultes.

Indemnités aux ministres des différents cultes.

Art. 124. Les ministres des différents cultes reçoivent, pour chaque déplacement, une indemnité de six francs payable soit après chaque visite, soit périodiquement, sur état d'émargement visé par le commandant de l'établissement.

Les menues dépenses occasionnées par l'entretien de la chapelle sont payées directement par l'établissement. Quant aux frais spéciaux que comporte la célébration de la messe, ils sont à la charge de l'officiant, qui reçoit à cet effet un supplément de vacation de trois francs pour chaque exercice comportant cette célébration.

§ 7. — Enseignement primaire élémentaire.

Nature de l'enseignement.

Art. 125. Dans chaque établissement il est organisé une école d'enseignement primaire élémentaire obligatoire pour les condamnés illettrés et ceux qui, sachant lire, ne savent qu'imparfaitement écrire.

Toutefois, l'école ne fonctionnera que lorsque le nombre des détenus s'élèvera à cinq au moins.

Cet enseignement comprend :

La lecture;

L'écriture;

L'arithmétique (1er degré).

L'école est faite après le repas du soir par le moniteur général. Lorsque l'importance de l'effectif de l'école l'exige, il peut être assisté par un ou plusieurs moniteurs choisis parmi les détenus.

Chaque séance d'enseignement doit durer au moins une heure.

Matériel de l'école et bibliothèque.

Art. 126. Les allocations pour le matériel de l'école sont fixées, pour chaque établissement, selon le nombre des détenus, par le Ministre de la guerre.

Chaque établissement est doté d'une collection de livres destinés à être confiés aux détenus, les dimanches et jours fériés seulement.

Toutefois, en cas de chômage, les détenus pourront recevoir communication des ouvrages pendant les jours de la semaine; en tous cas, cette faculté doit, en principe, être accordée aux prévenus.

La bibliothèque est confiée au moniteur général, qui en est responsable et tient le catalogue-inventaire des ouvrages.

En dehors des ouvrages fournis par le Ministre, le commandant a seul la responsabilité du choix des livres. Il doit soumettre, à la fin de chaque année, au général commandant le corps d'armée la liste des livres introduits dans l'année.

CHAPITRE III.

ALIMENTATION.

Organisation générale du service.

Art. 127. Il est pourvu à l'alimentation des détenus au moyen de prestations en deniers qui constituent la masse d'ordinaire de chaque établissement.

Recettes de la masse d'ordinaire.

Art. 128. Les recettes de l'ordinaire sont :

1° La prime fixe destinée à faire face à l'achat de toutes les denrées autres que la viande.

Le taux en est fixé par des instructions particulières;

2° La prime de viande calculée sur la base et le taux de 145 grammes par jour;

3° L'indemnité représentative de la ration hygiénique, en cas d'épidémie;

4° Le produit de la vente des issues et eaux grasses;

5° La valeur des amendes infligées aux fournisseurs;

6° L'indemnité représentative de pain.

La prime de viande, l'indemnité représentative de pain et la prime fixe sont allouées pour les hommes qui quittent l'établissement après y avoir pris le repas du matin; aucune allocation n'est faite pour ceux qui y prennent seulement le repas du soir.

Perception des allocations .

Art. 129. Les allocations prévues à l'article précédent, sous les n°s 1°, 2°, 3° et 6° sont dues pour chaque journée de présence de détenu ou de passager, à l'exception des officiers et des sous-officiers à solde mensuelle, et sont perçues par mois et à terme échu sur état du modèle n° 27.

Les autres recettes sont constatées par un état décompté des sommes dues, émargé par le débiteur et visé par le sous-intendant militaire.

Toutes les sommes perçues au titre de la masse d'ordinaire donnent lieu à inscription au registre-journal et à la centralisation. Il en est de même des dépenses.

Dépenses de la masse d'ordinaire.

Art. 130. La masse d'ordinaire supporte les dépenses ci-après :

1° L'achat de pain de soupe, de viande fraîche, de poisson, de condiments, de légumes frais ou secs, de boissons hygiéniques (telles que la glyzine et le thé dont la cession peut être demandée au service de santé) et de toutes denrées nécessaires à la nourriture des détenus;

2° L'achat des denrées diverses pour les détenus nourris au régime spécial à l'infirmerie;

3° Le payement de la valeur du pain de repas;

4° Le remboursement du prix des denrées perçues en nature dans les magasins de l'administration;

5° L'achat des livrets d'ordinaire ainsi que des carnets de commande de denrées;

6° Les frais de toute nature que peut entraîner la passation des marchés, à l'exception des droits de timbre et, le cas échéant, des droits d'enregistrement.

Les dépenses étrangères à l'alimentation proprement dite sont, comme dans les corps de troupe, imputées à la masse d'habillement.

Les pièces justificatives des dépenses de la masse d'ordinaire dont le montant excède 10 francs, doivent être, comme celles des autres masses, revêtues du timbre de quittance. Ce timbre est à la charge du fournisseur (article 29 de la loi du 13 brumaire an VII).

Gestion de l'ordinaire.

Art. 131. a) *Dispositions communes.* — La fourniture des denrées nécessaires aux ordinaires donne lieu à des marchés passés par le commandant de l'établissement ou l'agent principal et, dans ce dernier cas, approuvés par le commandant d'armes.

A moins d'impossibilité, les prisons militaires sont comprises, à la diligence du commandant d'armes, dans les marchés d'ordinaire d'un corps de troupe de la place.

Pour toutes les questions de détail relatives aux marchés à passer au titre de la masse d'ordinaire et à la gestion de ce service, il y a lieu de se reporter aux dispositions insérées dans le règlement sur la gestion des ordinaires de la troupe, qui sont applicables aux établissements pénitentiaires dans la mesure que comporte leur organisation spéciale.

Chaque jour, le gérant de l'ordinaire détermine, d'après l'effectif, les quantités de denrées présumées nécessaires pour le lendemain. Il les inscrit à cette date du lendemain, en indiquant l'heure où la livraison devra avoir lieu, sur un carnet à souche coté et parafé par le commandant d'armes. La partie à détacher de ce carnet est remise au fournisseur et est représentée au moment de la livraison.

Le gérant de l'ordinaire procède à la réception des denrées et refuse celles qu'il juge ne pas être de bonne qualité. Il inscrit ensuite les quantités reçues, d'abord dans une deuxième colonne du carnet (partie détachée et souche) en regard des quantités prévues la veille, puis au livret d'ordinaire (modèle n° 15). Ce dernier est décompté tous les mois en quantités et valeur; il est certifié et arrêté par le gérant de l'ordinaire, puis vérifié par le commandant d'armes ou le commandant de l'établissement. Le décompte sert à la vérification des factures des fournisseurs.

Les contestations qui peuvent s'élever entre le gérant de l'ordinaire et les fournisseurs, au sujet de la qualité des denrées, sont soumises, suivant le cas, au commandant de l'établissement ou au commandant d'armes, qui statue après avoir pris au besoin l'avis du médecin chargé du service de l'établissement.

La décision est immédiatement exécutoire. Le cahier des charges établi, dans la mesure du possible, suivant la forme indiquée par le règlement sur la gestion des ordinaires de la troupe, détermine les conditions dans lesquelles doit avoir lieu le remplacement des denrées refusées, soit par les soins du fournisseur, soit à ses risques et périls.

En aucun cas, la gestion de l'ordinaire ne doit occasionner la sortie des détenus ni des cadres. Les fournisseurs seront toujours astreints à effectuer les livraisons dans l'établissement.

Le gérant tient, sur le livret d'ordinaire, l'inventaire permanent du matériel existant pour le service de l'ordinaire. La situation y est arrêtée le 31 décembre et à chaque mutation du gérant.

Toutes les dépenses concernant la masse d'ordinaire sont inscrites au registre-journal des recettes et dépenses et au registre de centralisation.

Le gérant de l'ordinaire tient le registre-auxiliaire (modèle n° 16).

b) *Dispositions spéciales aux prisons.* — Dans les prisons, la gestion de l'ordinaire appartient à l'agent principal.

Pour les denrées, les fournisseurs établissent leurs factures à la fin de chaque mois. L'agent principal acquitte ces factures après les avoir vérifiées au moyen du livret d'ordinaire, ainsi qu'il est dit ci-dessus. Les dépenses d'entretien prévues à l'article 130 sont engagées et acquittées également par l'agent principal.

c) *Dispositions spéciales aux pénitenciers.* — La gestion de l'ordinaire est assurée par l'officier adjoint qui tient les livrets d'ordinaire (modèles n°s 15 et 16).

Les factures des fournisseurs sont établies mensuellement et remises, pour visa, à l'officier adjoint au commandant; l'officier d'administration comptable les acquitte, après vérification, au moyen du livret d'ordinaire. Les factures concernant les dépenses d'entretien prévues à l'article 130 sont également payées par l'officier comptable sur factures préalablement visées par le commandant de l'établissement.

d) *Alimentation en cours de route des militaires voyageant sous escorte de la gendarmerie.* — Les détenus transférés qui n'auront pu recevoir à la prison, avant le départ, le repas du matin ou celui du soir, et qui ne pourront le prendre à la prison d'arrivée en raison de l'heure, recevront par les soins de l'agent principal de la prison de départ, pour chaque repas à consommer en cours de route, une ration de 125 grammes de viande de conserve et une demi-ration de pain.

Fonds d'économie de l'ordinaire.

Art. 132. Dans aucun cas, les excédents de recettes de la masse d'ordinaire ne peuvent être employés à modifier le régime alimentaire des détenus tel qu'il résulte de l'article 134.

Des nivellements de masse peuvent être prescrits par le Ministre. En fin d'année, après les nivellements, la portion du boni excédant la somme nécessaire pour constituer une réserve dont le taux est fixé par le Ministre d'après l'effectif moyen de l'établissement pendant l'année écoulée, est versée au Trésor.

Perceptions en nature.

Art. 133. La fourniture des denrées de toute sorte, dont la perception en nature pourrait être prescrite, est assurée d'après les règles déterminées par le règlement sur le service de la solde et des revues et celui des subsistances militaires.

Le total des perceptions est reporté sur la feuille de journées trimestrielle de l'établissement.

Lorsque, au contraire, des denrées sont perçues à titre remboursable, ces perceptions sont considérées comme des cessions faites par le service des subsistances aux établissements pénitentiaires et le remboursement est effectué conformément aux règles tracées par l'instruction du 18 octobre 1909 sur le service des subsistances en temps de paix (vol. 91).

Taux de la ration.

Art. 134. Le régime alimentaire de tous les détenus et passagers indistinctement, à l'exception des officiers et sous-officiers ou employés à solde mensuelle, est le suivant :

Ration de pain allouée aux hommes de troupe.

Repas du matin composé d'une soupe avec viande.

Repas du soir composé d'une soupe maigre, sauf le jeudi et le dimanche où cette soupe est remplacée par un rata.

Les détenus participent aux distributions de porc salé, de viande de conserves et de pain de guerre dans les mêmes conditions que les corps de troupe.

Les substitutions de denrées ne peuvent être opérées que d'après les dispositions réglementaires en vigueur, soit qu'il s'agisse de légumes ou pâtes, soit qu'il s'agisse de viande. Pour ce dernier aliment, le taux de la ration doit toujours être atteint sous réserve des équivalences réglementaires en poisson, porc salé ou conserves.

Nota. — Les hommes incarcérés ou écroués après 16 heures devront avoir consommé le repas du soir à leur corps ou avoir reçu les vivres de route pour ce repas.

Allocations extraordinaires en cas de maladies contagieuses ou d'épidémie.

Art. 135. Dans le but de prévenir la propagation des maladies contagieuses en temps d'épidémie, le Ministre peut, sur la demande de l'autorité militaire supérieure et l'avis du directeur du service de santé de la région, autoriser la distribution de boissons toniques.

Les détenus ne peuvent, en aucun cas, participer aux distributions extraordinaires accordées aux militaires à titre de réjouissance publique.

Alimentation et entretien des officiers et sous-officiers condamnés ayant conservé leur grade.

Art. 136. Les officiers et assimilés, les sous-officiers et assimilés, y compris ceux des réserves, jouissant d'une solde mensuelle, qui ont conservé leur grade, peuvent, sur leur demande, être nourris à l'ordinaire de la prison, contre remboursement sur leur solde de la valeur des allocations correspondantes, ou recevoir leur nourriture par l'intermédiaire d'un traiteur agréé par le commandant de l'établissement.

Le commandant d'armes fixe, sur la proposition de l'agent principal, la composition des repas ainsi fournis, qui ne doivent pas assurer un régime plus abondant que celui des pensions d'officiers ou de sous-officiers.

Les repas ne doivent pas comporter plus de trois quarts de litre de vin par jour pour les officiers et plus d'un demi-litre pour les sous-officiers. L'usage de l'alcool et des liqueurs est interdit.

Les officiers prennent leur repas individuellement **dans leur** chambre.

Les sous-officiers détenus mangent ensemble dans le réfectoire de la prison; ils sont tenus d'observer le silence absolu.

Les sommes dues au traiteur sont réglées par l'intermédiaire de l'agent principal.

Conditions dans lesquelles les détenus peuvent améliorer leur ordinaire.

Art. 137. Les détenus dont la **conduite** est satisfaisante **peuvent** améliorer leur nourriture par prélèvement sur leur fonds particulier dans les conditions indiquées à l'article 190.

Les militaires voyageant sous escorte de la gendarmerie peuvent être autorisés par le chef d'escorte à acheter en cours de route des vivres supplémentaires et des boissons lorsque les circonstances permettront ces achats sans nuire à la surveillance.

Dans n'importe quelle circonstance les détenus ne peuvent recevoir plus d'un demi-litre de vin en vingt-quatre heures ou d'un demi-litre de bière; les alcools sont absolument interdits.

Fourniture des objets de cantine.

Art. 138. Des conventions annuelles sont passées par le commandant de l'établissement ou l'agent principal pour la fourniture aux détenus des aliments supplémentaires et objets divers déterminés par le Ministre.

Les cantiniers sont tenus, pour la vente du tabac, de se munir de l'autorisation de la régie des contributions directes.

La distribution des denrées ou objets demandés par les détenus est effectuée au réfectoire au moment du repas.

Les officiers et les sous-officiers du cadre de l'établissement peuvent également se pourvoir à la cantine, au prix du tarif, des vivres et objets qui sont énumérés dans les conventions.

Leurs demandes font l'objet de bons individuels perçus et réglés directement par les intéressés chez le fournisseur.

En aucun cas les objets ou denrées demandés par eux ne sont livrés en même temps que ceux destinés aux détenus.

La convention spécifiant le tarif des quotités et des prix des aliments supplémentaires et objets divers que les détenus peuvent se procurer à leurs frais est approuvée annuellement par le général commandant le corps d'armée, sur la proposition du commandant de l'établissement ou de l'agent principal transmise par lettre du sous-intendant militaire contenant avis motivé. Cette convention est rédigée sur papier libre.

Une copie en est adressée au Ministre (Bureau de la Justice militaire).

Feuilles de cantine.

Art. 139. Les détenus ne pouvant avoir en mains aucune somme, l'entrepreneur spécial des vivres supplémentaires leur délivre les fournitures sur le vu de feuilles de cantine (modèle 28) dressées par les chefs de section et approuvées par le commandant de l'établissement ou l'agent principal qui s'assure au préalable que l'avoir au fonds particulier permet d'acquitter la dépense envisagée.

A cet effet, les sergents de section, au moment de l'appel du soir, inscrivent sur les états en question les objets ou denrées demandés par chaque détenu en regard de leur nom.

Preuve de la distribution des denrées.

Art. 140. L'adjudant-chef ou adjudant de surveillance dans les pénitenciers ou l'agent principal assiste à la distribution des denrées. Il raye des denrées demandées celles qui, pour une cause quelconque, n'auraient pu être distribuées, totalise les feuilles de cantine et appose, sur chacune d'elles, la mention : « Certifié la distribution des denrées ci-dessus indiquées dont le montant total s'élève à la somme de..... »

Il veille à ce que les intérêts des condamnés ne soient pas lésés sous le rapport du poids ou de la qualité des denrées.

Registre de cantine.

Art. 141. Il est tenu dans chaque établissement, par les soins de l'officier d'administration comptable ou de l'agent principal, un registre de cantine (modèle 29) portant en regard de chaque nom et dans des colonnes distinctes, par dates, inscription de la dépense journalière.

Ce registre est totalisé par individu, de manière à faire ressortir la dépense de chaque condamné pendant le mois et à fournir ainsi les chiffres à porter au débet des comptes courants et du livret de détention. Il est établi au moyen des duplicata des feuilles de cantine remises par l'adjudant de surveillance.

Paiements des denrées et objets fournis par l'entrepreneur de la cantine.

Art. 142. L'entrepreneur établit, en fin de mois, un relevé des sommes auxquelles sont arrêtées les feuilles de cantine (modèle 30).

Il joint à ce relevé les feuilles de cantine correspondantes.

Il donne acquit de la somme reçue par lui sur le relevé, qui est conservé pendant cinq ans dans les archives de l'établissement avec les pièces justificatives.

CHAPITRE IV.

HABILLEMENT ET CAMPEMENT.

Service de l'habillement dans les divers établissements pénitentiaires.

Art. 143. Les effets d'habillement, de coiffure et de petit équipement, spéciaux aux condamnés des pénitenciers militaires figurent dans la description des uniformes (*B. O.*, édition refondue, volume 105).

Le décret et l'instruction du 8 août 1895 règlent le fonctionnement du service de l'habillement dans ces établissements, ainsi que les dispositions concernant la masse d'habillement et d'entretien.

L'instruction du 30 mars 1900 règle le fonctionnement du service de l'habillement des condamnés dans les prisons.

. La journée au cours de laquelle le militaire condamné est écroué donne droit à la prime; celle au cours de laquelle il est libéré ne donne droit à aucune allocation.

Marques distinctives et insignes.

Art. 144. Pendant la durée du travail, les détenus chefs et sous-chefs d'atelier portent au tiers supérieur du bras gauche un brassard en drap garance. Cet insigne est formé d'une bande de drap piquée sur son pourtour; l'une des extrémités est garnie d'une boucle à barrette à trois ardillons en fer étamé et présente, à $0^m,01$ environ en arrière de cette boucle, une fente ourlée de $0^m,04$ de hauteur, percée dans le sens de la hauteur de l'effet. Cette fente est destinée à recevoir l'autre extrémité arrondie du brassard. Les dimensions sont les suivantes :

Longueur apparente développée de l'enchapure de la boucle à la pointe (environ). . . .. $0^m,400$

Hauteur du brassard	mesurée au milieu (environ)........................	$0^m,065$
	— près de l'enchapure de la boucle (environ).	$0^m,045$
	— à l'extrémité libre terminée en pointe arrondie à 0,03 du bout de cette pointe..............	$0^m,074$
Boucle.	Longueur dans	$0^m,040$
	Hauteur dans	$0^m,017$

Une bande de drap bleu foncé de $0^m,015$ de largeur est cousue horizontalement sur le brassard des chefs d'atelier.

Prescriptions relatives à certains effets spéciaux.

Art. 145. Dans les établissements pénitentiaires d'Algérie, de Tunisie et du Maroc, la ceinture de flanelle est distribuée aux hommes auxquels cet effet est reconnu nécessaire par le médecin.

L'approvisionnement doit être maintenu constamment en état de pourvoir à tout besoin.

Toute distribution générale ou partielle de cet effet est obligatoire lorsqu'elle est demandée par le médecin chargé du service sanitaire de l'établissement.

Dans les pénitenciers ceux des effets de drap qui sont inutilisés pendant la belle saison sont retirés aux hommes, réunis en paquets individuels portant le numéro d'écrou du condamné et déposés au magasin.

Les titulaires des paquets font subir les manutentions nécessaires à ces effets d'après les instructions du commandant de l'établissement.

Vêtements et effets apportés par les hommes internés dans les établissements pénitentiaires.

Art. 146. Les condamnés écroués dans les pénitenciers militaires y arrivent détenteurs des effets apportés par eux en prison au moment où ils sont incarcés à titre préventif.

Le comptable de l'établissement vérifie l'inventaire des effets en question en présence du chef d'escorte et signale les manquants au commandant d'armes, qui prescrit, après enquête, l'imputation à qui de droit.

Tous les effets apportés sont retirés à l'homme et versés au magasin d'habillement, où ils constituent un approvisionnement destiné à habiller les condamnés lors de leur sortie définitive, comme il est dit à l'article suivant.

Habillement des détenus quittant l'établissement pénitentiaire ou entrant à l'hôpital.

Art. 147. Les détenus des prisons transférés d'un établissement sur un autre, ou rejoignant leur corps, revêtent, pour la route, les effets d'habillement, linge et chaussures, dont ils étaient porteurs au moment de leur incarcération et emportent les autres objets de petit équipement dont ils étaient détenteurs lors de leur arrivée.

Les condamnés renvoyés directement dans leurs foyers emportent les effets indiqués au règlement sur le service de l'habillement.

Les dispositions de l'article 59 de l'instruction jointe à ce règlement leur sont applicables.

Des mesures analogues sont appliquées aux détenus des pénitenciers qui reçoivent des effets prélevés sur l'approvisionnement constitué comme il est dit à l'article précédent.

Toutefois, les détenus des pénitenciers transférés d'un établissement sur un autre voyagent avec des effets de condamnés.

Les officiers ou assimilés ayant subi une condamnation entraînant la perte de leur grade voyagent, en principe, avec des effets civils leur appartenant. A défaut, l'autorité militaire locale leur fait délivrer les effets de soldat nécessaires par un corps de troupe de la garnison; ces effets sont ensuite renvoyés à l'établissement pénitentiaire, qui les restitue au corps de troupe livrancier sans indemnité.

Les frais de transport sont à la charge de la masse d'habillement de l'établissement auquel appartenait le condamné.

Les condamnés envoyés à l'hôpital conservent, pendant le transfert, les effets dont ils sont porteurs dans le pénitencier.

Les hommes des corps de l'armée coloniale et de la marine revêtent leurs effets de troupe pour rejoindre leur corps d'origine comme pour rejoindre les bataillons d'infanterie légère d'Afrique. Dans ce dernier cas, le conseil d'administration du bataillon d'infanterie légère d'Afrique s'entend avec le corps de troupe de l'armée coloniale ou de la marine sur la destination à donner aux effets dont l'homme est porteur.

Détenus quittant l'établissement pendant la saison froide.

Art. 148. Lorsque des militaires écroués pendant la belle saison et porteurs d'un dolman, d'une tunique ou d'une veste sont appelés à quitter l'établissement pendant la saison froide, le commandant de l'établissement ou l'agent principal se conforme aux dispositions prévues dans l'instruction du 30 mars 1900, relative au service de l'habillement dans les prisons.

Dépôts d'effets à l'uniforme des condamnés aux travaux publics dans les prisons. — Parade d'exécution.

Art. 149. Aux termes du décret sur le service des places les militaires condamnés aux travaux publics doivent être revêtus de l'uniforme prévu par l'article 193 du Code de justice militaire pour entendre la lecture du **jugement.**

Pour assurer l'exécution de ces dispositions, il est entretenu dans les prisons militaires, au compte de la masse d'habillement, un approvisionnement des effets désignés ci-après :

Vareuse, pantalon, casquette à visière : en drap marron foncé.

L'approvisionnement constitué devra comporter, au maximum, une demi-douzaine de collections comprenant les tailles et les pointures les plus employées dans la région, de manière à parer à tous les besoins.

Les condamnés sont pourvus d'une collection de ces effets pour assister à la parade d'exécution; ils reprennent ensuite les vêtements qu'ils ont apportés de leur corps pour rejoindre l'établissement où ils doivent subir leur peine.

Nivellement de masse.

Art. 150. Le Ministre peut, en cas d'insuffisance de ressources de la masse d'habillement dans un ou plusieurs établissements, opérer tels nivellements qui pourront être utiles entre l'avoir des masses des divers établissements.

CHAPITRE V.

COUCHAGE ET AMEUBLEMENT.

Fonctionnement du service.

Art. 151. L'instruction sur le service du couchage et de l'ameublement dans les troupes métropolitaines est applicable aux établissements pénitentiaires militaires, sous les réserves suivantes :

a) Sont au compte de la masse de couchage et d'ameublement les dépenses concernant :

1° L'achat, l'entretien et le renouvellement du matériel de couchage nécessaire aux détenus et aux sous-officiers comptables et surveillants;

2° Le lavage des effets compris dans ce matériel de couchage;

3° La fourniture de la paille de couchage, du diss et de l'alfa et l'achat de sacs pour le transport du linge;

4° L'achat, l'entretien et le renouvellement du mobilier des différents locaux, par analogie avec les dispositions prévues pour l'ameublement du casernement des corps de troupe. Exception est faite pour les baquets de propreté, qui sont fournis et entretenus par le service du génie, comme les tinettes mobiles des latrines du casernement.

Le taux des allocations est celui déterminé par le tarif n° 1 annexé à l'instruction sur le service du couchage. Les journées de présence d'officiers et assimilés, prévenus ou condamnés à une peine ne comportant pas la perte du grade, ne donnent droit à aucune perception de prime; la masse de couchage et d'ameublement des établissements qui entretiennent, à cet effet, des ameublements spéciaux, peut recevoir, en cas de besoin, des allocations globales supplémentaires dont le montant est fixé par le Ministre.

b) Le couchage des détenus est assuré au moyen d'un lit comprenant un châlit de fer avec planches ou sommier métallique, une paillasse garnie de 10 kilogrammes de paille, de diss ou d'alfa, un traversin garni de 2 kilogrammes des mêmes matières, une couverture de laine, un couvre-pieds en laine, un sac de couchage et un deuxième sac pour les échanges. Ces objets sont semblables à ceux qui sont prévus à la description annexée à l'instruction sur le service du couchage visée plus haut.

L'échange de la paille, du diss et de l'alfa est fait obligatoirement tous les quatre mois.

Les détenus à l'infirmerie ont le même couchage que les malades dans les infirmeries régimentaires, et le matériel porte les marques spéciales prévues à l'article 31 de la même instruction.

c) Dans les prisons militaires, l'agent principal est considéré, au point de vue de l'exécution du service du couchage, comme un commandant d'unité formant corps.

Dans les pénitenciers, le commandant de l'établissement remplit les fonctions incombant au chef de corps et au major; l'officier d'administration comptable est chargé de la gestion du matériel ; l'officier adjoint s'occupe, d'après les ordres du commandant, des détails d'exécution du service. Les revues périodiques du matériel sont passées par le commandant de l'établissement.

d) Les établissements dont l'effectif n'est pas assez élevé pour nécessiter la passation de marchés distincts pour l'entretien du matériel sont rattachés à un corps de troupe, comme cela a lieu pour les faibles unités.

Mobilier des cellules de correction et d'isolement nocturne.

Art. 152. L'ameublement des cellules de correction se compose uniformément :

1° D'un lit de camp fixé à demeure;

2° D'un baquet de propreté fermant hermétiquement;

3° D'une cruche à eau, avec couvercle;

4° D'une couverture pendant l'hiver.

Dans les cellules d'isolement nocturne, le lit de camp est remplacé par un châlit avec sa fourniture, et une planche est fixée au mur pour recevoir les effets des occupants.

CHAPITRE VI.

CHAUFFAGE ET ÉCLAIRAGE.

§ 1. — *Chauffage.*

Nature des prestations de chauffage.

Art. 153. Les prestations se composent :

1° De rations collectives ou individuelles pour la préparation des aliments;

2° De rations fixes pour le chauffage des divers locaux (bureaux, greffes, chauffoirs communs et infirmeries).

Détermination des allocations.

Art. 154. Le sous-intendant militaire chargé de la vérification des comptes de l'établissement établit, de concert avec le chef du génie et le commandant de l'établissement, les procès-verbaux fixant les allocations, en se conformant aux règles et tarifs applicables aux corps de troupe. Les chauffoirs communs sont considérés comme chambres. Pour éviter des dangers d'incendie, les cellules ne sont jamais chauffées.

Les procès-verbaux sont soumis à l'approbation du Ministre (Direction de l'Intendance; 3ᵉ Bureau).

Matériel de chauffage.

Art. 155. Les appareils destinés au chauffage des locaux sont fournis et entretenus par le service du génie, de même que les appareils pour la cuisson des aliments.

Fourniture des combustibles.

Art. 156. En principe, les établissements pénitentiaires sont compris dans les marchés régionaux ou de garnison passés pour la fourniture des combustibles. Il n'est procédé qu'exceptionnel

lement et par voie d'adjudication restreinte à des marchés particuliers.

Les établissements pénitentiaires participent, comme les corps
de troupe, aux distributions de combustible qui peuvent être faites par les services de l'administration pour le renouvellement
des approvisionnements.

Imputation des dépenses de chauffage. — Remboursement.

Art. 157. Les dépenses de chauffage sont acquittées sur les
fonds généraux de la caisse de l'établissement, qui se fait rembourser annuellement, sur la production d'un relevé appuyé des
factures d'achat, d'un extrait des procès-verbaux fixant les allo
cations.

Après vérification par le sous-intendant militaire, l'ordonnan
cement a lieu sur les crédits affectés aux établissements péni
tentiaires, sous la rubrique « Chauffage et éclairage ».

Les quantités consommées dans l'année doivent rester compri
ses dans les limites des allocations. Tout dépassement reste à
la charge du commandant de l'établissement ou de l'agent prin
cipal. Un état (modèle n° 31) faisant ressortir les droits des établissements d'après les prix généraux de la place applicables à
l'établissement, ainsi que les dépenses réellement effectuées, est.
après vérification du sous-intendant militaire sur le vu des ori
ginaux des procès-verbaux et des factures d'achat, joint au rapport de liquidation du quatrième trimestre.

§ 2. — *Eclairage.*

Eclairage intérieur et extérieur des établissements.

Art. 158. L'éclairage, tant intérieur qu'extérieur, des établissements pénitentiaires incombe auxdits établissements, qui assurent la fourniture des appareils à huile minérale et végétale, la
fourniture du combustible, ainsi que des mèches et veilleuses

Tous les appareils fixes pour l'éclairage au gaz ou à l'électri-
cité sont fournis et entretenus par le service du génie, mais le
remplacement des cheminées en verre, manchons, ampoules et
autres accessoires est à la charge des établissements.

Les ateliers installés dans les établissements pénitentiaires
sont éclairés aux frais des entrepreneurs du travail.

Procès-verbaux d'éclairage.

Art. 159. Pour constater les droits à l'éclairage intérieur et extérieur des bâtiments, bureaux, greffes, guicheteries, geôles, infirmeries, cuisines, chambres de garde de nuit, cours, escaliers, corridors, etc., etc., des établissements de la justice militaire, il est établi, dans les conditions indiquées à l'article 158, un procès-verbal. Ce document doit mentionner les besoins à assurer, la nature des appareils et du combustible à employer, le nombre et le calibre des becs, le nombre et l'intensité des ampoules, leur emplacement, en spécifiant ceux qui doivent être allumés toute l'année et ceux dont il est possible de suspendre l'éclairage pendant les courtes nuits et dans tous les cas pendant les nuits éclairées par la lune.

Allumage et extinction des appareils.

Art. 160. L'allumage, l'extinction des becs, lampes, ampoules et veilleuses et le nettoyage des appareils installés dans l'ensemble des locaux affectés aux détenus, sont assurés par un condamné. Ces opérations sont, en ce qui concerne l'éclairage extérieur, assurées gratuitement par le portier.

Eclairage au gaz et à l'électricité.

Art. 161. La fourniture du gaz ou de l'énergie électrique fait l'objet de traités spéciaux passés avec les compagnies locales par le service de l'intendance.

Remboursement des dépenses d'éclairage.

Art. 162. Les dispositions de l'article 157 ci-dessus sont applicables aux dépenses d'éclairage.

CHAPITRE VII.

BLANCHISSAGE.

Exécution du blanchissage.

Art. 163. Les établissements pénitentiaires assurent, et s'il n'y a pas inconvénieut, par leurs propres moyens, le blanchissage du linge de corps et de cuisine des détenus lorsqu'ils estiment pouvoir effectuer ces travaux avec avantage pécuniaire pour leur masse; le général commandant le corps d'armée est délégué par le Ministre pour leur accorder cette autorisation, à défaut de laquelle ces travaux sont compris dans les marchés de garnison.

Les détenus employés à la buandertie reçoivent la gratification journalière de 0 fr. 30 prévue pour les hommes employés aux travaux du service intérieur

CHAPITRE VIII.

ARMEMENT.

Fourniture des armes et munitions.

Art. 164. Les armes portatives et les munitions nécessaires aux sous-officiers de surveillance et de comptabilité sont fournies par le service de l'artillerie, dans les conditions de l'instruction du 11 juillet 1913 sur le service de l'armement.

L'officier comptable ou agent principal prend charge des armes portatives et des munitions; il tient, à cet effet, les écritures réglementaires.

Le commandant de l'établissement ou l'agent principal se conforme, pour la délivrance, la conservation et la réintégration des armes et munitions, aux prescriptions de l'instruction précitée sur le service de l'armement.

Entretien des armes.

Art. 165. L'entretien des sabres et revolvers est assuré, conformément aux dispositions dudit règlement, par le chef armurier de l'un des corps de la garnison, désigné à cet effet par le gouverneur militaire ou le général commandant le corps d'armée.

Le commandant de l'établissement ou l'agent principal acquitte le montant des dépenses d'entretien au moyen des fonds généraux de la caisse de l'établissement.

Ils retiennent sur la solde des intéressés les sommes dues pour les réparations dont la responsabilité leur incombe et se font rembourser annuellement par le service de l'artillerie, au moyen d'un relevé n° 33 les dépenses d'entretien qui sont à la charge de l'Etat.

Situation de l'armement.

Art. 166. Dans les quinze premiers jours du mois de janvier de chaque année, le commandant de l'établissement ou l'agent principal adresse au Ministre, par la voie hiérarchique, un état de situation de l'armement au 31 décembre de l'année précédente modèle n° 3 de l'instruction du 11 juillet 1913 sur le service de l'armement

CHAPITRE IX.

EMPLOI DE LA MAIN-D'ŒUVRE PÉNITENTIAIRE.

Installation et fonctionnement des ateliers de travail.

Art. 167. En principe, les détenus sont employés à des travaux pour les services relevant de l'administration de la guerre.

Toutefois, si cette administration ne peut leur procurer du travail en quantité suffisante, ils sont employés à des travaux pour le compte d'autres administrations ou d'entrepreneurs civils. Les travaux sont toujours exécutés à l'intérieur des établissements.

Les conditions relatives à l'installation et au fonctionnement des ateliers de travail dans les établissements pénitentiaires sont réglées par les cahiers des charges, les marchés d'entreprise et les dispositions du présent règlement.

Sont exclues des établissements pénitentiaires militaires les industries réputées insalubres et celles dont l'exercice présenterait soit des dangers notoires pour la santé des détenus, soit des inconvénients pour la conservation des bâtiments, pour le bon ordre et la propreté à maintenir dans ces établissements.

Le cahier des charges et le marché-type font l'objet des modèles insérés au volume 57 *ter* de l'édition méthodique.

Préparation et passation des marchés.

Art. 168. Le commandant de l'établissement ou l'agent principal sont chargés de rechercher les moyens susceptibles de procurer du travail à *tous* les détenus qui sont en état de se livrer à une occupation quelconque.

Ils font, à cet effet, toutes démarches nécessaires auprès des services de l'administration de la guerre susceptibles d'occuper les détenus.

En cas d'insuccès ou d'insuffisance du travail confié par ces services, ils provoquent des offres de la part d'autres administrations ou d'entrepreneurs privés.

Pour les services de l'administration de la guerre, il est passé des conventions spéciales dont les termes sont arrêtés d'accord entre les services locaux intéressés. Ces conventions sont soumises à l'approbation du Ministre (Direction du Contentieux et de la Justice militaire; Bureau de la Justice militaire), en triple expédition.

Les détenus travaillant pour ces mêmes services sont rémunérés par l'allocation de gratifications qui doivent être proportionnées au travail accompli.

Ces gratifications, qui sont exclusives de tout autre salaire, sont versées au Trésor à la fin de chaque mois par application de la loi de finances du 30 mars 1902. Elles sont ensuite, sans délai, mandatées intégralement par les soins du sous-intendant militaire sur les crédits affectés aux établissements pénitentiaires et inscrites aux fonds particuliers des détenus.

Les dispositions relatives à la préparation et à la passation des marchés de l'Etat sont applicables aux marchés passés avec d'autres administrations ou des entrepreneurs privés pour l'emploi de la main-d'œuvre des détenus, sous réserve des prescriptions suivantes :

Il est procédé à la passation des marchés, soit par voie d'adjudications restreintes, dans les conditions prévues à l'instruction du 21 novembre 1921 pour la passation des marchés de la guerre, soit par des marchés de gré à gré, soit enfin par des conventions verbales.

Le système des adjudications est employé pour les gros effectifs et lorsqu'il doit en résulter un avantage marqué pour le Trésor. Dans ce cas, six mois au moins avant l'expiration d'un marché en cours, le directeur de l'intendance fait parvenir au Ministre ses propositions accompagnées d'un projet d'avis au public et d'un projet de cahier des charges spéciales; ce dernier document indiquera les conditions particulières se rattachant aux circonstances locales ou à celles que l'on croit utile d'envisager par dérogation aux conditions du cahier des charges générales. Le modèle de soumission est donné dans ce projet ainsi que le montant du cautionnement à exiger.

Il est procédé de gré à gré, avec ou sans appel à la concurrence pour les effectifs moyens, ou bien lorsqu'il s'agit de l'exécution de travaux d'une durée inférieure à une année, ou bien encore en cas d'insuccès de l'adjudication. Dans ce cas, les projets sont soumis à l'approbation du Ministre par le Directeur de l'intendance qui les lui adresse avec son avis motivé.

Des conventions verbales peuvent enfin être conclues lorsqu'en cas d'impossibilité de traiter par adjudication ou de gré à gré, il est fait des offres pour l'exécution de certains travaux présentant un aléa trop considérable en raison de l'inexpérience des détenus.

La passation de ces conventions est autorisée par le Ministre à qui est adressée la correspondance échangée à cet effet entre l'établissement et la personne qui offre de traiter.

Approbation des marchés ou conventions.

Art. 169. Les marchés où conventions ne peuvent être approuvés définitivement que par le Ministre.

Une copie des marchés ou conventions est envoyée au Ministre (Direction du Contentieux et de la Justice militaire), directement par l'établissement intéressé, aussitôt après la formalité d'enregistrement.

Cette copie doit indiquer d'une façon précise la date du commencement du contrat.

Il est également rendu compte, sous le même timbre, de tout marché ou convention prorogé par suite de tacite reconduction.

Dispositions relatives aux ateliers. — Contrôle de la présence
des détenus.

Art. 170. Un placard affiché à la porte de chaque atelier indique l'industrie exécutée, le nom des entrepreneurs et des contremaîtres civils ainsi que ceux des détenus employés avec mention de leurs fonctions (chef et sous-chef d'atelier, ouvriers et apprentis).

Des cruches remplies d'eau potable et munies d'un couvercle sont placées dans les ateliers pour le besoin des hommes.

A chaque séance, lorsque les détenus sont installés à leur travail, le surveillant de l'atelier procède à l'appel dans le but de faire constater leur présence par les entrepreneurs. Les détenus ne peuvent quitter leur travail sans autorisation.

L'entrée d'un atelier est interdite aux détenus qui n'en font pas partie.

Lorsque les détenus quittent l'atelier en masse ou individuellement, ils placent sur leurs établis et métiers, et d'une façon ostensible, les outils et matières premières, et, s'il y a lieu, leurs tabliers; les surveillants s'assurent que les hommes n'emportent aucun objet de l'atelier.

Visite des ateliers après la sortie des détenus.

Art. 171. Après la sortie des détenus, les ateliers sont visités afin de constater l'existence du matériel, les dégradations qui pourraient avoir été commises et de s'assurer de l'extinction des feux.

Choix des chefs d'atelier parmi les détenus.

Art. 172. Dans chaque atelier, l'entrepreneur peut proposer au commandant de l'établissement ou à l'agent principal, un détenu parmi ceux qui se font remarquer par leur aptitude et une constante assiduité au travail, pour remplir les fonctions de chef d'atelier.

Si l'atelier est important, un ou plusieurs détenus remplissant les conditions peuvent être demandés de la même manière pour exercer les fonctions de sous-chef d'atelier ou tenir les écritures de l'entrepreneur.

En outre de leur travail personnel, ils sont chargés de former les apprentis et de parfaire l'ouvrage de ces derniers. Ils donnent aux autres détenus les conseils et explications nécessaires pour les guider dans le travail et les aider à augmenter leur habileté professionnelle.

Obligations des entrepreneurs. — Rapports qu'ils peuvent avoir avec le personnel de l'établissement et avec les détenus.

Art. 173. Les entrepreneurs, leurs représentants et agents sont soumis aux dispositions d'ordre et de police du présent règlement.

Ils doivent s'abstenir de tous rapports d'intérêts ou autres avec le personnel en dehors du service.

Il leur est expressément défendu d'introduire dans l'établissement aucun objet autre que ceux nécessaires à l'exercice de leur industrie, d'entretenir d'autres relations avec les condamnés que celles ayant trait au travail, de pénétrer dans les endroits autres que les bureaux de l'administration et les locaux affectés à l'exercice de leur industrie, de s'immiscer en rien dans l'organisation du service.

Infractions commises par l'entrepreneur ou ses agents.

Art. 174. Le commandant de l'établissement a le droit d'exiger le changement ou le renvoi de tout agent de l'entrepreneur qui, malgré deux avertissements signifiés par écrit à l'entrepreneur, ne se conformerait pas aux dispositions de l'article précédent. Tout agent qui adresserait des injures au personnel ou troublerait l'ordre intérieur peut être expulsé sur-le-champ par le commandant de l'établissement.

Dans ce cas, tant que l'entrepreneur n'a pas remplacé ses agents, l'atelier auquel ils étaient attachés est fermé et l'entrepreneur paie l'indemnité de chômage.

- Lorsque les contraventions émanent de l'entrepreneur lui-même, ou lorsqu'il refuse de renvoyer un de ses agents dans les cas prévus à l'alinéa qui précède, le commandant de l'établissement fait fermer les ateliers de l'entreprise jusqu'à ce que le Ministre, auquel un rapport est adressé, ait statué.

L'entrepreneur paie l'indemnité de chômage, sans préjudice des droits de l'administration à l'obtention de dommages-intérêts.

Constatation du travail produit dans les ateliers.

Art. 175. Le sergent-major surveillant établit contradictoirement avec l'entrepreneur l'inventaire des outils et objets affectés aux ateliers; il constate contradictoirement avec le représentant de l'entrepreneur la remise aux détenus des matières premières nécessaires aux confections. Le surveillant de chaque atelier et l'entrepreneur, ou son représentant, tiennent en contre-partie un carnet de travail (modèle n° 32), coté et paraphé par le commandant de l'établissement et renouvelé tous les mois, sur lequel ils inscrivent, à la fin de chaque journée, sous le nom de chaque homme, le nombre d'articles confectionnés, ainsi que le prix d'unité prévu au tarif et le produit net, la somme à ajouter à ce produit pour parfaire au besoin le prix minimum de la journée de travail et les journées de chômage.

Les ouvriers et les apprentis travaillant à la journée sont l'objet d'une inscription libellée : « Travail à la journée. — Prix ».

A la fin de chaque journée, les inscriptions, que le surveillant d'une part et l'entrepreneur ou son représentant, de l'autre, ont portées à leur carnet respectif, sont comparées et arrêtées contradictoirement entre eux; ils les signent réciproquement l'un sur le carnet de l'autre.

A l'expiration de chaque mois, le surveillant de chaque atelier établit, d'après son carnet, un relevé général faisant ressortir par articles du marché les produits du travail du mois écoulé, le total des compléments du rendement effectif journalier par faisant le prix minimum, ainsi que les journées de non-occupation qui ont eu lieu pendant le mois.

L'officier adjoint ou l'agent principal vérifie fréquemment les carnets de travail des surveillants et les contrôle avec ceux de l'entrepreneur.

Les carnets de travail peuvent subir les modifications que nécessiteraient certains marchés spéciaux, de manière à présenter, dans tous les cas, le tableau complet des éléments nécessaires pour le décompte.

Réclamations relatives aux relevés du travail.

Art. 176. L'entrepreneur doit porter, dans les vingt-quatre heures, devant le commandant de l'établissement, ou l'agent principal, les réclamations auxquelles peuvent donner lieu les constatations relatives à la quantité et à la qualité du travail exécuté, ainsi qu'à l'application des tarifs et des clauses du marché.

Le commandant de l'établissement statue, après examen des objets confectionnés, et rend compte au sous-intendant militaire chargé de la surveillance administrative.

L'agent principal doit transmettre, sans retard, avec son avis motivé, les réclamations de l'entrepreneur contre sa décision, au sous-intendant militaire par l'intermédiaire du commandant de l'établissement; le sous-intendant militaire statue.

Tout agent principal qui ne transmet pas immédiatement les réclamations est passible d'une punition disciplinaire.

Lorsque l'entrepreneur conteste la décision du commandant de l'établissement ou du sous-intendant militaire, le dossier est envoyé au Ministre.

Les résultats de chaque journée de travail, inscrits aux carnets des surveillants, sont considérés comme définitifs lorsqu'ils n'ont pas donné lieu à réclamation dans le délai ci-dessus stipulé.

Feuille de travail.

Art. 177. Les quantités de travail fournies par l'ensemble des détenus pendant le mois précédent que font ressortir les relevés produits et certifiés par les surveillants, sont récapitulées les 1er de chaque mois, au matin, dans un état dit « feuille de travail » du modèle n° 33.

La feuille de travail récapitule distinctement, par salaire, le nombre de journées de chaque catégorie d'ouvriers ou d'apprentis travaillant à la journée; elle porte également le total des indemnités de chômage.

Quand le marché comporte le travail aux pièces, le décompte est établi par nature d'articles confectionnés; les prix d'unité sont inscrits en regard de chaque article; le total des sommes parfaisant le rendement effectif au prix minimum de journée y est également porté.

Cette feuille, établie en triple expédition, est certifiée conforme aux inscriptions des carnets des surveillants, arrêtée et signée par le commandant de l'établissement ou l'agent principal et l'entrepreneur ou son représentant.

Feuille des salaires.

Art. 178. Il est établi à la même date, en double expédition, une feuille spéciale (modèle 34) pour les salaires dont il est question à l'article 181 ci-après.

Décompte du travail fourni par les prévenus.

Art. 179. Il est établi une feuille de travail spéciale distincte en double expédition du travail fourni par les prévenus (modèle n° 35).

Payement du travail.

Art. 180. L'entrepreneur verse au Trésor le produit intégral du travail des condamnés dans les cinq jours qui suivent la réception de l'ordre de reversement qui lui est délivré par le sous-intendant militaire.

Il remet également, dans le même délai, à l'officier comptable ou à l'agent principal le prix du travail fourni par les prévenus.

A cet effet. le commandant ou l'agent principal fait parvenir au sous-intendant militaire les trois expéditions de la feuille de travail des condamnés, dès que celle-ci a été arrêtée.

Une des expéditions est annexée par le sous-intendant militaire à l'ordre de reversement et est destinée à l'agent des finances chargé d'opérer la recette.

Une expédition du marché est jointe à la feuille relative au premier mois de l'entreprise.

Lorsque l'entrepreneur a versé au Trésor, il adresse le récépissé de versement au sous-intendant militaire, qui renvoie à l'établissement la seconde expédition de la feuille de travail revêtue de la mention du versement.

Une expédition de la feuille de travail des prévenus est adressée au sous-intendant militaire avec mention de la recette effectuée, certifiée par le commandant de l'établissement ou l'agent principal.

Salaires des détenus.

Art. 181. Les détenus sont rémunérés personnellement de leur travail dans les conditions suivantes :

1° Ateliers fonctionnant pour le compte des services de l'administration de la guerre (intendance, génie, artillerie, etc...) :

Allocation d'une gratification journalière déterminée par la convention prévue à l'article 168, mais qui ne peut être inférieure à 0 fr. 30.

2° Ateliers fonctionnant pour le compte d'autres administrations ou d'entrepreneurs privés :

Vingt-cinq centièmes du produit brut du travail fixé par le marché ou la convention.

Le montant des salaires revenant aux détenus est mandaté, immédiatement au début de chaque mois, pour le mois écoulé, par les soins du sous-intendant militaire, sur les crédits affectés à l'entretien des établissements pénitentiaires.

Une expédition des feuilles de salaires (modèle 34) est mise à l'appui du mandat; une autre expédition est jointe à l'appui du rapport de liquidation.

Prime de travail. — Mode de payement.

Art. 182. Dans le but d'encourager les détenus qui se font remarquer par leur application soutenue au travail, l'entrepreneur est autorisé à allouer, avec le consentement du commandant de l'établissement ou de l'agent principal, au profit des détenus désignés nominativement par lui, des indemnités spéciales ou primes de travail qui s'ajoutent à leurs salaires respectifs, et qui sont versées au fonds particulier de chaque bénéficiaire.

Les primes de travail sont inscrites journellement sur les carnets de travail et totalisées en fin de mois. Le total est inscrit au fonds particulier des divers intéressés. Les primes de travail du mois sont récapitulées dans une feuille de primes (modèle n° 38), qui est mise à l'appui des comptes des fonds particuliers.

Dans les cinq jours qui suivent l'arrêté de cette feuille, le paiement des sommes dues par l'entrepreneur à titre de primes de travail est effectué entre les mains de l'officier d'administration comptable ou de l'agent principal qui en donne récépissé.

Les primes de travail peuvent être allouées sous forme de denrées d'alimentation ou de tabac. Si elles comprennent du vin, la quantité ne pourra être supérieure à un demi-litre par homme et par jour de travail.

Une comptabilité très précise sera tenue de ces primes, dont l'allocation sera soumise aux réserves suivantes :

1° Elles ne seront jamais imposées aux détenus;

2° Lorsque la prime allouée en nature représentera une valeur supérieure à 1 franc, la valeur des denrées distribuées étant décomptée d'après les prix figurant à la convention de cantine, la somme dont le détenu pourra disposer sur son fonds particulier pour l'amélioration de sa nourriture (article 190) sera réduite d'une somme égale à la partie de la prime en nature dépassant 1 franc.

A titre d'exemple, un détenu ayant reçu en nature une prime de travail représentant une valeur de 1 fr. 50 verra réduite de 0 fr. 50 la somme qu'il est autorisé à prélever sur son fonds particulier pour l'amélioration de sa nourriture.

Le maximum dont un détenu puisse disposer est de 2 francs par jour, y compris la valeur de la prime reçue en nature.

Art. 183. La feuille de travail forme le titre de créance de l'établissement envers l'entrepreneur, et, si ce dernier n'en a pas versé le montant dans les délais et conditions déterminés par le présent règlement, le sous-intendant militaire met l'entrepreneur en demeure de se libérer en lui fixant un délai, qui ne peut être supérieur à un mois à compter de la date à laquelle la feuille de travail dont il s'agit aurait dû être normalement payée.

A l'expiration de ce délai, si la mise en demeure est restée sans effet, le commandant de l'établissement ou l'agent principal formulent leurs propositions dans un rapport au Ministre, qui est transmis avec les observations du sous-intendant militaire (Direction du Contentieux et de la Justice militaire; Bureau de la Justice militaire).

Si les feuilles de travail suivantes ne sont pas payées à leur échéance, les mêmes autorités en rendent compte immédiatement au Ministre comme suite au rapport susvisé.

Le Ministre ordonne, s'il le juge à propos, la fermeture des ateliers, la résiliation du marché et engage contre l'entrepreneur toutes les poursuites que de droit. Aucune sortie de matières, objets fabriqués, matériel et outils appartenant à l'entrepreneur et existant dans les ateliers ne peut dès lors avoir lieu sans l'autorisation du Ministre.

Salaires acquis aux détenus employés au service intérieur.

Art. 184. Les salaires des détenus employés au service intérieur, pour les journées pendant lesquelles ils ont été occupés, figurent sur un état mensuel (modèle n° 36) établi et certifié par le commandant de l'établissement ou l'agent principal. La somme revenant à chaque intéressé est versée à son fonds particulier aux mêmes époques que les salaires acquis aux détenus ouvriers.

Les condamnés tailleurs et les cordonniers employés aux réparations des effets des détenus reçoivent une prime calculée sur le taux moyen des salaires payés aux ouvriers qui montrent une habileté et un zèle équivalents, sans que ce salaire puisse être inférieur à 0 fr. 30. A défaut d'entreprise, ils perçoivent le même salaire que les condamnés employés aux travaux du service intérieur.

Dans tous les établissements pénitentiaires, les salaires attribués aux condamnés tailleurs et cordonniers, pour les journées de travail employées aux confections et réparations, sont à la charge de la masse d'habillement.

Liquidation du produit du travail.

Art. 185. Dans le courant du mois qui suit le trimestre expiré, une des expéditions des feuilles de travail est adressée au Ministre avec les récépissés de versement au Trésor. Cet envoi est accompagné d'un état (modèle n° 37), en double expédition, faisant ressortir, pour le trimestre, les droits constatés du Trésor ainsi que les versements effectués, et mentionnant les propositions du directeur de l'intendance en vue de la liquidation.

Après vérification et rectification, s'il y a lieu, les états par corps d'armée sont récapitulés à l'administration centrale dans un état général portant liquidation définitive, qui est soumis à l'approbation du Ministre.

L'une des expéditions des états particuliers est ensuite renvoyée au directeur de l'intendance avec l'indication de la décision ministérielle à notifier aux entrepreneurs, chacun en ce qui le concerne. Les moins-payés sont versés au Trésor, et les récépissés adressés à l'administration centrale, pour être rattachés à la liquidation du trimestre. Les trop-payés viennent en déduction des versements du trimestre suivant ou sont remboursés lorsqu'ils ressortent à la liquidation du dernier trimestre de l'année ou du marché.

Travaux exécutés pour le personnel par les détenus tailleurs
et cordonniers.

Art. 186. Lorsque des ouvriers tailleurs et cordonniers n'ont pas de réparations à faire pour le service de l'établissement, ils peuvent, avec l'autorisation du commandant de l'établissement, travailler pour le personnel.

A cet effet, un tarif de confections et de réparations est établi par le commandant de l'établissement ou l'agent principal; un exemple de ce tarif est envoyé au sous-intendant militaire pour examen et approbation. Ce tarif est combiné de manière que le rendement de la journée de travail soit de 3 francs au minimum. Les détenus qui ont effectué les confections ou réparations reçoivent des salaires calculés comme il est dit à l'article 181 et payés au moyen des crédits budgétaires.

Le prix de la main-d'œuvre est porté sur une feuille de travail spéciale, établie mensuellement en triple expédition; les salaires sont récapitulés de même sur une feuille spéciale établie mensuellement en double expédition.

Ces documents, dûment vérifiés et certifiés par le commandant de l'établissement et l'agent principal, sont adressés au sous-intendant militaire.

Ce fonctionnaire émet alors un ordre de reversement au nom du commandant de l'établissement ou de l'agent principal pour la totalité des sommes portées sur la feuille de travail et mandate le montant des salaires.

Le commandant de l'établissement ou l'agent principal verse au Trésor la somme portée sur ledit ordre, au moyen des fonds généraux de la caisse de l'établissement.

Les débets sont immédiatement inscrits au nom des intéressés sur le registre des fonds divers.

Les officiers ou sous-officiers versent entre les mains de l'officier d'administration comptable ou de l'agent principal le montant des travaux effectués pour leur compte dès que les effets leur sont remis, et, au plus tard, lors du premier paiement de la solde.

Les sommes versées pour les travaux exécutés pour le personnel sont inscrites immédiatement au registre des fonds divers, de manière à permettre la constatation de l'extinction du débet.

En aucun cas, les détenus tailleurs ou cordonniers ne peuvent travailler pour des personnes qui ne seraient pas attachées à l'établissement.

Destination donnée aux feuilles mensuelles de travaux au compte
du personnel.

Art. 187. Une des expéditions des feuilles spéciales des confections et réparations au compte du personnel est mise à l'appui de l'ordre de reversement. Une expédition revêtue de la mention du versement est retournée au commandant de l'établissement ou à l'agent principal. La troisième expédition, revêtue de la mention du versement au Trésor, est renvoyée ultérieurement à l'administration centrale avec le récépissé, dans les conditions prescrites à l'article 185 du présent règlement.

CHAPITRE X.

FONDS PARTICULIER DES DÉTENUS.

Constitution d'un fonds particulier au profit des détenus.

Art. 188. Il est constitué, pour tout condamné et pour tout prévenu ou passager qui le demande, un fonds particulier auquel sont versés :

1.° Les sommes saisies au moment de l'écrou;

2° Les salaires correspondant au travail;

3° Les versements que l'intéressé effectue au moyen de ses **ressources personnelles, ceux qui sont faits par des tiers à son profit et au nombre desquelles sont comprises les primes de tra**vail allouées par les entrepreneurs.

4° La portion des allocations de solde non employées à la nourriture lorsque le détenu a conservé son grade, et, d'une manière générale, toutes les sommes acquises par le détenu au service de l'Etat;

5° L'avoir à la masse individuelle quand l'homme provient d'un corps où ce système d'allocation est en vigueur;

6° L'avoir au fonds particulier si le détenu vient d'un autre établissement

Constitution d'un pécule au profit des condamnés.

Art. 189. Dans le but de procurer aux détenus, à l'époque de leur libération, des moyens d'existence en attendant qu'ils aient trouvé du travail, de même que pour les prémunir contre le délit de lacérations et destructions volontaires, un dixième du montant des salaires est tenu en réserve au compte des fonds particuliers (art. 199), sous la rubrique « Pécule ».

Le pécule est cumulé jusqu'à l'expiration de la peine du condamné et, en aucun cas, il ne peut supporter d'autre imputation que celle résultant des débets lorsque l'avoir au fonds particulier proprement dit est, au moment de la sortie de l'établissement, insuffisant pour les acquitter.

Au moment de cette sortie, le pécule reçoit une destination analogue à celle donnée au fonds particulier (art. 194).

Prélèvements autorisés sur les fonds particuliers.

Art. 190. Tout détenu peut être autorisé à prélever, sur son fonds particulier, les sommes nécessaires à l'amélioration de la nourriture réglementaire ou à l'achat de tabac et d'objets de cantine.

Etant donnés la constitution du pécule (art. 189) et le prélèvement du dixième des salaires pour l'acquittement des frais de justice (art. 193), l'importance des sommes dont le détenu peut ainsi disposer peut atteindre :

1° Les 9/10 des salaires, si les frais de justice sont acquittés;
2° Les 8/10 dans le cas contraire,

sans pouvoir dépasser toutefois 1 fr. 50 par jour pour les condamnés n'ayant pas conservé leur grade et les caporaux, et 2 fr. pour les sous-officiers. Toutefois, ce maximum peut être réduit en cas de primes de travail distribuées en nature (art. 182).

Les sommes ainsi employées ne sont pas remises en espèces; l'établissement solde directement, à l'entrepreneur de la cantine, les dépenses faites.

Pendant les périodes de chômage et les jours de repos, les détenus peuvent être autorisés à faire, dans les limites ci-dessus et pour l'amélioration de leur nourriture seulement, des prélèvements sur les sommes qui auraient été versées à leur fonds particulier par des tiers depuis leur écrou à l'établissement. En aucun cas, le total de ces prélèvements successifs ne pourra dépasser la moitié des sommes versées dans les conditions ci-dessus.

Quand le fonds particulier est libre de toute imputation, le détenu peut également être autorisé à faire des prélèvements pour tout objet autre que l'amélioration de son ordinaire. Il doit, le cas échéant, en formuler la demande par écrit; le commandant de l'établissement assure le payement ou l'envoi des fonds au destinataire indiqué.

Les prélèvements demandés par les détenus condamnés pour vol commis au préjudice de l'Etat ne peuvent être autorisés que par le Ministre.

Imputations aux fonds particuliers des détenus.

Art. 191. Les détenus sont pécuniairement responsables des dégradations au casernement, des détériorations, lacérations ou destructions d'effets d'habillement, de petit équipement, d'objets divers, des bris ou détérioration de machines, outils et marchandises appartenant aux entrepreneurs, commis de propos délibéré et des pertes de ces effets ou objets, provenant de leur fait.

. Les sommes ainsi mises à leur charge, dans les formes prévues à l'article 216, sont imputées à leur fonds particulier et portées en dépense au compte trimestriel de ce fonds et au livret individuel, en même temps que la dépense correspondant à l'imputation est inscrite au registre-journal.

Quand un détenu ayant un débet à sa charge est renvoyé directement dans ses foyers lors de sa sortie de l'établissement pénitentiaire, ou est décédé dans ledit établissement, où est rayé des contrôles après évasion, ou remis aux établissements pénitentiaires civils, le compte des fonds particuliers est crédité du montant du débet et la dépenses est inscrite au chapitre 1er du registre des fonds divers, comme avance faite au compte précité, jusqu'au jour où le débet est recouvré par les soins de l'administration des finances ou imputé à la masse d'habillement à titre définitif en cas d'avis d'irrécouvrabilité.

Pour permettre d'assurer la dénonciation du débet au Ministre des finances, un état détaillé des sommes dues par l'homme au moment de sa radiation est adressé par l'établissement au Ministre (Direction de l'Intendance; Bureau de l'Habillement). A cette pièce est joint un état signalétique et des services de l'homme, indiquant le lieu de la résidence choisi par lui ou l'établissement civil dans lequel il a été transféré et au besoin tous renseignements connus sur la résidence et les ressources de sa famille.

L'établissement est avisé du recouvrement par l'envoi qui lui est fait d'une ordonnance de remboursement émise à son profit par le Ministre des finances.

En cas d'irrécouvrabilité, un avis est également adressé; l'envoi de cet avis peut être provoqué par l'intermédiaire du Ministre de la guerre (Bureau de l'Habillement) à tout moment jugé utile.

Transfert du débet en cas de changement d'affectation de l'intéressé.

Art. 192. Tout établissement pénitentiaire qui reçoit un condamné ayant à sa charge un débet dans son corps ou dans l'établissement pénitentiaire dont il provient rembourse à ce corps ou établissement le montant du débet. La dépense est inscrite au compte trimestriel des fonds particuliers, selon le principe posé à l'article précédent.

De même, tout corps de troupes qui reçoit un condamné libéré ayant encouru un débet rembourse ce débet à l'établissement pénitentiaire sur les fonds généraux de la caisse du corps et la dépense est inscrite au registre des fonds divers dans les conditions indiquées ci-dessus pour les établissements.

Si, au moment de la libération, le débet n'est pas acquitté, le corps opère ainsi qu'il est dit à l'article précédent pour la dénonciation du débet et l'imputation définitive à la masse d'habillement.

Dans le cas où le détenu libéré est dirigé sur un corps de troupes où fonctionne encore la masse individuelle, cette masse supporte le débet. Si l'homme est libéré avant d'avoir pu opérer le remboursement du débet, la dénonciation est faite et la dépense est alors supportée par la masse générale d'entretien.

Acquittement des amendes et frais de justice.

Art. 193. Les condamnés ayant un avoir à leur fonds particulier peuvent demander que les amendes et frais de justice dont ils sont redevables soient immédiatement prélevés sur ce fonds.

Le dixième des salaires des condamnés redevables d'amendes ou frais de justice est réservé pour être versé au Trésor en vue de l'acquittement des frais de justice de toute origine à leur charge.

Les sommes ainsi réservées sont conservées en caisse par l'officier d'administration comptable ou l'agent principal pour être versées entre les mains de l'agent des finances, soit en fin d'année, soit en fin de trimestre pour les détenus qui ont quitté l'établissement au cours du trimestre.

Les sommes versées sont récapitulées dans un bordereau nominatif (modèle n° 42), établi en double expédition, dont l'une sert de pièce de dépense et l'autre est conservée par l'agent des finances

Les sommes réservées pour être ainsi versées au Trésor figurent distinctement en avoir au livret individuel des condamnés et au compte des fonds particuliers, jusqu'au jour du versement; elles sont alors portées en dépense sur·ces documents et au registre des frais de justice (modèle n° 54).

Les récépissés constatant les payements effectués pour frais de justice, soit pour acompte, soit pour solde, sont remis aux intéressés lors de leur élargissement ou adressés à l'établissement sur lequel ils sont dirigés.

Afin d'éviter l'apposition d'un timbre de quittance pour chaque versement partiel, la quittance primitive revêtue du timbre est représentée à l'agent des finances pour recevoir l'inscription des acomptes successifs, en conformité de l'article 23 de la loi du 13 brumaire an VII. La valeur de ce timbre est ajoutée au montant des frais de justice à recouvrer, comme dépense à supporter également par la retenue du dixième des salaires.

Les amendes et frais de justice constituent une catégorie de créances de l'Etat ne donnant pas lieu à remboursement entre établissements ou corps de troupes en cas de mutation du débiteur.

Si, au moment où le condamné est libéré ou renvoyé dans un corps, le montant des sommes reversées sur le dixième des salaires est insuffisant pour l'acquittement des frais de justice, le reliquat de l'avoir, déduction faite du pécule, peut être retenu en vertu d'une contrainte dont l'émission est provoquée dans **les** conditions fixées à l'article 197.

Un compte rendu annuel du recouvrement des frais de justice (modèle n° 43) est adressé au Ministre (Direction du Contentieux et de la Justice militaire) dans le courant du mois de janvier qui suit l'année écoulée.

Destinations à donner aux fonds particuliers des détenus rayés des contrôles.

Art. 194. Après payement des dépenses de cantine, des imputations de dépenses autorisées à titre exceptionnel du règlement des honoraires dus aux défenseurs et après retenue du montant des amendes et frais de·justice, le fonds particulier d'un détenu quittant l'établissement pénitentiaire reçoit, suivant le cas, les destinations indiquées au tableau ci-après :

a) *Condamné dont la peine est expirée envoyé dans un corps de troupe.*

Le reliquat est déposé à la Caisse nationale d'épargne dans les conditions indiquées à l'article 195 ci-après, et le livret envoyé au corps d'affectation de l'intéressé. Toutefois, si l'homme est réintégré dans un corps où la masse individuelle est exceptionnellement maintenue, l'avoir disponible est versé à sa masse

Si l'homme est renvoyé dans ses foyers avant la réception du reliquat par le corps destinataire, le fonds particulier sera adressé à l'intéressé par mandat postal ainsi qu'il est prescrit au paragraphe ci-après.

b) *Condamné libéré et rentrant dans ses foyers.*

Si le reliquat disponible au fonds particulier ne dépasse pas la somme de 50 francs, il est remis directement à l'intéressé au moment où il quitte l'établissement. Dans le cas contraire, il ne lui est remis que la somme de 50 francs et le surplus lui est adressé par mandat postal dans la localité où il a déclaré se retirer.

Si la somme excédant 50 francs paraissait au chef de l'établissement trop faible pour nécessiter l'envoi d'un mandat postal, il pourrait exceptionnellement remettre la totalité de l'avoir au condamné.

Les frais de poste sont précomptés sur le montant de l'envoi.

Toutefois, l'homme qui n'a subi qu'une condamnation inférieure à trois mois, reçoit lors de sa libération la totalité de son avoir disponible.

c) *Détenu qui vient d'être condamné à la détention ou à la réclusion.*

Le reliquat du fonds particulier est versé à la Caisse nationale d'épargne et le livret est envoyé sans retard au Ministre de la guerre (Direction du Contentieux et de la Justice militaire; Bureau de la Justice militaire), qui le fait parvenir au Ministre de la justice.

d) *Détenu qui vient à encourir une condamnation aux travaux forcés ou qui doit être envoyé aux compagnies disciplinaires des colonies.*

L'établissement fait connaître au Ministre de la guerre (Direction du Contentieux et de la Justice militaire) l'avoir restant disponible au fonds particulier du condamné. L'administration de la guerre se concerte, selon le cas, avec celle de la marine ou des colonies pour déterminer la destination à donner à cet avoir.

e) *Détenu évadé.*

Le compte du fonds particulier est arrêté après l'expiration du délai de six mois prévu pour la radiation des contrôles de comptabilité. Le reliquat disponible, après déduction s'il y a lieu de la valeur des effets emportés par le déserteur, est alors versé à la Caisse des dépôts et consignations.

f) *Détenu décédé.*

Le reliquat disponible est versé à la Caisse des dépôts et consignations. Le commandant de l'établissement en avise les héritiers connus.

Demande de livrets de caisse d'épargne.

Art. 195. Les demandes de livrets de caisse d'épargne au nom des intéressés doivent porter la mention suivante :

« La signature du titulaire du livret sur les demandes de remboursement présentées avant son passage dans la disponibilité ou la réserve de l'armée active devra toujours être visée par son chef de corps. »

Conservation et communication des livrets.

Art. 196. Les livrets de la Caisse nationale d'épargne appartenant à des condamnés, de quelque provenance que ce soit, sont conservés dans la caisse de l'établissement sans que le titulaire puisse, en principe, toucher au capital ou aux intérêts à en provenir, jusqu'au jour où il est rendu à la vie civile.

Toutefois, sous les réserves prévues à l'article 190 au sujet des détenus condamnés pour vol au préjudice de l'Etat, le commandant ou l'agent principal peut autoriser, au cours de la détention, des prélèvements sur les sommes déposées afin de venir en aide à des parents, d'acquitter une dette antérieure à l'incarcération dûment justifiée et même, en cas de bonne conduite, d'acheter des gilets de tricot, chaussettes, denrées et objets de cantine.

Le commandant ou l'agent principal vise les demandes de remboursement établies par les intéressés et s'assure que les fonds perçus reçoivent bien la destination qui a motivé l'autorisation.

Les livrets sont communiqués tous les trois mois aux intéressés pour leur permettre de s'assurer de l'exactitude des inscriptions.

Destination à donner aux livrets de caisse d'épargne lorsque le titulaire
quitte l'établissement.

Art. 197. a) *Hommes changeant d'établissement pénitentiaire
ou envoyés dans un corps de troupe.* — Le livret est envoyé au
nouvel établissement ou au corps de troupe qui en donne récépissé. Ces récépissés sont conservés dans la caisse de l'établissement pendant trente ans.

b) *Hommes renvoyés dans leurs foyers.* — Les hommes libérés
du service militaire sont mis en possession de leur livret de la
Caisse nationale d'épargne contre récépissé. Le récépissé est
conservé pendant trente ans dans les archives du corps.

S'ils restent débiteurs envers l'Etat, soit pour imputations
d'effets, soit pour frais de justice, le percepteur de la localité
est avisé par les soins du commandant de l'établissement ou de
l'agent principal avant le renvoi des intéressés dans leurs foyers,
et, autant que possible, un mois avant ce renvoi, que les hommes sont débiteurs envers l'Etat et possèdent un livret, de manière qu'il puisse prendre toute mesure conservatoire utile.

Le livret sera remis au percepteur sur sa réquisition.

Les livrets appartenant à des militaires affectés aux compagnies disciplinaires des colonies lors de leur sortie des établissements pénitentiaires, ou remis aux établissements pénitentiaires civils, sont adressés au Ministre de la guerre en même temps
qu'un état des débets qui auraient été encourus par eux et des
frais de justice restant dus.

Le Ministre de la guerre prend, s'il y a lieu, les mesures nécessaires pour assurer le recouvrement des sommes dues à ces
deux titres et se concerte avec le Ministre de la marine ou des
colonies au sujet de la destination à donner au livret en cas
d'excédent des sommes déposées.

Les livrets appartenant à des militaires décédés dans un établissement sont remis contre récépissé au receveur des postes
de la localité. Le commandant de l'établissement ou l'agent principal donne sans retard avis du dépôt du livret aux héritiers connus, afin qu'ils puissent remplir les formalités voulues pour
entrer en possession de ces titres.

Les livrets appartenant à des hommes évadés sont également
remis par bordereau, contre reçu, au receveur des postes après
expiration du délai de six mois prévu pour la radiation des contrôles de comptabilité.

Avis de ces dépôts est donné un mois à l'avance au percepteur
de la localité, si le décédé ou l'évadé laisse des frais de justice
non payés ou des débets envers l'établissement.

Remboursement des sommes inscrites aux livrets.

Art 198. Les hommes titulaires de livrets de caisse d'épargne renvoyés dans leurs foyers à l'expiration de leur peine, qui ne sont débiteurs à aucun titre envers l'Etat, ont la faculté d'établir, avant de quitter l'établissement pénitentiaire, leur demande de retrait de fonds et de faire viser cette pièce par le commandant de l'établissement. Après l'accomplissement de cette formalité, l'autorisation du remboursement est adressée poste restante au receveur des postes de la localité dans laquelle se retire l'homme.

Dans le cas où le titulaire du livret, après avoir exprimé le désir d'entrer en possession des fonds déposés en son nom à la Caisse d'épargne, se refuserait à signer la demande de remboursement établie à son intention, mention de ce refus sera faite par deux témoins sur ce document, qui sera conservé par l'établissement.

Quant au livret lui-même, si l'intéressé refuse de le recevoir, il sera remis, contre récépissé, au receveur des postes de la garnison, dans les conditions indiquées à l'article 869 de l'instruction générale sur la Caisse nationale d'épargne.

Si le titulaire du livret, après avoir signé la demande de remboursement établie à son intention, se refuse à faire emploi de l'autorisation de remboursement délivrée par le service de la Caisse d'épargne en réponse à toute demande de remboursement reconnue valable, mention de ce refus sera faite par deux témoins sur ce document, qui sera conservé par l'établissement.

Il convient d'ajouter qu'à l'expiration d'un délai d'un mois, le receveur des postes doit, en vertu des règlements, considérer l'autorisation de remboursement comme nulle et transmettre à l'administration la demande de remboursement devenue sans objet, ainsi que le livret qui lui avait été précédemment remis en vue du remboursement intégral.

Les commandants d'établissements et agents principaux se conformeront, d'une manière générale, aux principes posés dans cet article et dans les articles 196 et 197 quand il s'agira de livrets de caisse d'épargne privée. Mais, pour la destination à donner à ces livrets, ils devront s'entendre au préalable avec le caissier de la succursale dont émanent ces livrets.

Comptabilité des fonds particuliers.

Art. 199. Le compte des fonds particuliers (modèle n° 39) est tenu par trimestre. Il fait ressortir :

En recettes :

L'avoir au premier jour du trimestre ou au moment de l'écrou;

Le montant des salaires d'après les états de répartition (modèles n°s 32 et 36);

Les versements volontaires, fonds de poste, dons, fonds de masse individuelle, envois de fonds d'autres établissements ou de corps, etc.

En dépenses :

Le débet au 1er jour du trimestre le cas échéant;

Les imputations pour lacérations ou destructions volontaires;

Les envois de fonds à d'autres établissements;

Les dépenses de cantine;

Les versements au Trésor pour l'acquittement des frais de justice;

Les remises ou envois de fonds au moment de l'élargissement, etc.

La balance entre les recettes et les dépenses donne, pour chaque détenu, la situation du compte au dernier jour du trimestre, ainsi que la répartition entre ses trois divisions (fonds particulier proprement dit, pécule, frais de justice). Une concordance absolue doit exister entre cette situation et celle qui figure au livret individuel.

L'arrêté du compte doit, de même, être identique à celui qui ressort à la centralisation, sous la rubrique des fonds particuliers.

Chaque opération de recette ou de dépense intéressant les fonds particuliers, dans leur ensemble ou séparément, donne lieu à une inscription au registre-journal des recettes et des dépenses.

Indépendamment de l'arrêté trimestriel, le compte de chaque détenu est arrêté en cas de libération, de transfert dans un autre établissement, d'évasion ou de décès.

Livret individuel.

Art. 200. Chaque détenu ayant un compte de fonds particulier est pourvu d'un livret individuel (modèle n° 58) qui reçoit, dans la partie *ad hoc*, l'inscription des recettes et des dépenses intéressant le fonds particulier proprement dit, le pécule et les frais de justice. Ce livret est la propriété du détenu; il lui est communiqué chaque mois, le dimanche, s'il en formule le désir.

Lorsqu'un détenu ne doit pas séjourner plus d'une semaine dans la prison, il n'est pas indispensable d'établir un livret à son nom; il suffit qu'au moment de son départ, un compte d'emploi de son avoir puisse lui être présenté pour être revêtu de son approbation.

TITRE III.
ADMINISTRATION ET COMPTABILITÉ.

CHAPITRE I.
ADMINISTRATION.

Administration des établissements pénitentiaires.

Art. 201. L'administration des pénitenciers est assurée par le commandant de l'établissement dans les conditions fixées par l'article 24 de la loi du 16 mars 1882 sur l'administration des compagnies ou sections formant corps. Celle des prisons militaires est confiée dans les mêmes conditions à l'agent principal.

Caisse et valeurs.

Art. 202. Les établissements pénitentiaires n'ont qu'une caisse appelée « caisse de l'établissement ». Elle est tenue, dans les pénitenciers par l'officier comptable et dans les prisons par l'agent principal.

Les dispositions du règlement sur l'administration et la comptabilité des corps de troupe relatives au logement et à la garde des caisses, aux fonds qui y sont déposés, aux détenteurs des clefs et à leur responsabilité, à la tenue du carnet de caisse et à la vérification des fonds en caisse dans les corps de troupe sont applicables aux établissements pénitentiaires.

Les caisses ne doivent jamais recevoir, même à titre de simple dépôt, aucuns fonds dont la destination serait étrangère à l'administration de l'établissement, excepté en ce qui concerne les fonds particuliers des détenus.

Dépôts au Trésor, recouvrements des imputations, pertes et déficits de fonds.

Art. 203. Les dispositions du règlement sur l'administration et la comptabilité intérieure des corps de troupe relatives aux dépôts de fonds au Trésor, au retrait de tout ou partie de ces fonds, au recouvrement des imputations, aux pertes et déficits de fonds provenant d'événements de force majeure ou d'autres circonstances extraordinaires, sont applicables aux établissements de la justice militaire.

Les imputations dont le commandant et l'officier comptable sont passibles par suite des responsabilités pécuniaires (art. 10 et 13) s'opèrent au moyen de retenues sur leur solde nette, exercées mensuellement à raison du cinquième de cette solde, à moins que le Ministre ne diminue cette proportion.

Prestations en deniers.

Art. 204. La solde et les indemnités du personnel militaire, les masses d'habillement, d'ordinaire, de couchage et d'ameublement constituent les dépenses en deniers des établissements pénitentiaires considérés comme corps de troupe.

Les diverses prestations énumérées ci-dessus sont fixées par les tarifs en vigueur.

La solde, les indemnités, les masses et les prestations en nature sont régies respectivement par le règlement sur le service de la solde, le règlement sur l'administration et la comptabilité des corps de troupe, le règlement sur la masse d'habillement dans les établissements et les prisons, le règlement sur le service du couchage et de l'ameublement et la présente instruction.

Règles de perception.

Art 205. La solde du personnel militaire est perçue par mois et à terme échu sur un seul état de solde comprenant les officiers et les sous-officiers conformément au décret sur la solde et les revues.

Les indemnités de première mise d'équipement aux sous-officiers nommés dans la justice militaire (établissements pénitentiaires) ou promus adjudants sont comprises sur l'état de solde.

Les officiers et employés militaires ayant rang d'officier, ainsi que les sous-officiers rengagés ou commissionnés et les employés militaires ayant rang de sous-officier, touchent, en détention, la solde prévue pour leur position.

La solde des personnes visées au précédent paragraphe est perçue au Trésor, par l'agent principal pourvu, à cet effet, d'une autorisation émanant de l'intéressé.

Règles de payement.

Art. 206. La solde et les indemnités du personnel sont payées aux ayants droit aux mêmes époques et d'après les mêmes règles que celles prescrites, pour les officiers des corps de troupe, par le règlement sur l'administration et la comptabilité intérieure des corps de troupe.

Mode de régularisation des perceptions en deniers et en nature.

Art. 207. Les perceptions en deniers et en nature attribuées au personnel sont régularisées par des feuilles de journées et des revues de liquidation nominatives pour les officiers et les sous-officiers, établies d'après les règles déterminées par le règlement sur le service de la solde; les perceptions en deniers et en nature afférentes aux détenus sont justifiées par des feuilles de journées numériques spéciales.

Indemnités de fonctions aux agents principaux.

Art. 208. Les agents principaux des prisons militaires reçoivent sur les crédits de la justice militaire une indemnité de fonctions dont le montant et le mode de payement sont déterminés par un décret spécial.

Approvisionnements.

Art. 209. Il est pourvu par achats à tous les besoins en denrées, objets de consommation, matières, effets et objets mobiliers et de matériel, fixés par les règlements et compris dans la nomenclature de la justice militaire et que l'administration de la guerre ne fournit pas directement aux établissements pénitentiaires.

Mode d'achat.

Art. 210. Les achats, sauf le cas de fournitures éventuelles de peu d'importance, ont lieu par marchés passés conformément au règlement sur la comptabilité en deniers du Département de la guerre, relatif aux adjudications publiques et aux marchés.

Passation des marchés et achats sur simple facture.

Art. 211. Les commandants des établissements pénitentiaires préparent les cahiers des charges et passent les marchés pour les fournitures dont la dépense est autorisée par les règlements et par les instructions du Ministre.

Les commandants des établissements et les agents principaux sont tenus de passer des marchés de gré à gré pour la fourniture annuelle des matières nécessaires au fonctionnement de l'atelier des tailleurs et des cordonniers, chaque fois que l'importance annuelle approximative de cette fourniture dépasse 500 francs. Au-dessous de ce chiffre, des conventions verbales sont conclues.

Tous les marchés et conventions concernant les prisons militaires doivent être adressés au sous-intendant militaire; celui-ci les transmet par lettre portant avis motivé au commandant d'armes, qui les approuve s'il y a lieu.

Tous les projets de cahier des charges, de marché, et toutes les propositions d'achat préparés par les agents principaux des prisons doivent être approuvés par le commandant d'armes.

Dispositions relatives à l'acquisition du matériel entrant
dans la comptabilité-matières.

Art. 212. Les objets mobiliers et le matériel des établissements pénitentiaires sont énumérés dans la nomenclature spéciale au service de la justice militaire.

Pour les matières qui donnent lieu à la prise en charge dans les comptes-matières, on se conforme aux dispositions du règlement et de l'instruction sur la comptabilité des matières appartenant au Département de la guerre.

Les dépenses relatives à l'achat ou à l'entretien de ce matériel sont effectuées dans les conditions suivantes lorsqu'elles ne doivent pas être définitivement imputées aux masses.

Le remplacement du matériel réformé est autorisé par le directeur de l'intendance, quel qu'en soit le montant.

Les acquisitions à titre de première mise d'objets mobiliers et de matériel compris dans la nomenclature, ainsi que les réparations de ces objets, sont autorisées, par le commandant d'armes, jusqu'à concurrence de 200 francs et, par le général commandant le corps d'armée, jusqu'à 1.000 francs.

Lorsque la dépense dépasse cette somme ou que les objets mobiliers et le matériel ne sont pas compris dans la nomenclature, l'autorisation d'achat doit être accordée par le Ministre.

Toutes ces dépenses sont ordonnancées par les fonctionnaires de l'intendance.

Dispositions concernant les achats d'objets de consommation.

Art. 213. Les achats de matières, ingrédients et objets de consommation qui ne figurent pas dans la comptabilité-matières sont effectués par les commandants des établissements et avec une autorisation spéciale du commandant d'armes, par les agents principaux, quand la dépense est inférieure à 100 francs. Le général commandant le corps d'armée autorise les dépenses dépassant cette somme dans les conditions indiquées à l'article précédent.

Ces achats sont justifiés par les quittances ou factures des fournisseurs. Ils donnent lieu à la production trimestrielle de relevés de remboursement n° 33 (modèle annexé au règlement sur l'administration dans les corps de troupe).

Réception de matières, effets et objets.

Art. 214. Toutes les livraisons de matières, effets et objets faites aux établissements pénitentiaires sont reçues, après vérification, par le commandant de l'établissement ou par son délégué; dans les prisons, les réceptions sont assurées par l'agent principal. Les fournitures qui ne sont pas exactement semblables aux échantillons et modèles-types ou qui ne réunissent pas les conditions imposées par les cahiers des charges sont refusées et rendues aux livranciers. En cas de contestation, il est procédé suivant les règles prévues dans les cahiers des charges.

Les réceptions d'effets et objets provenant des magasins de l'administration ou des corps de troupe et les difficultés auxquelles elles peuvent donner lieu sont réglées conformément aux dispositions du décret sur la comptabilité-matières et des règlements sur le service de l'habillement dans les établissements pénitentiaires.

Pertes et dégradations de matériel par cas de force majeure.

Art. 215. En cas de pertes ou avaries de matières, effets ou objets de matériel résultant d'événements de force majeure ou de circonstances extraordinaires, le commandant de l'établissement ou l'agent principal prévient immédiatement le sous-intendant militaire, qui procède à une enquête dont les résultats sont consignés dans un procès-verbal établi en double expédition dans les conditions prévues par les règlements et instructions en vigueur.

Le sous-intendant militaire peut décider la mise au compte de l'État du montant des pertes, moins-values ou frais de réparation, lorsque la somme ne dépasse pas 100 francs.

La décision appartient à l'intendant lorsque la dépense, supérieure à 100 francs, ne dépasse pas 200 francs.

Dans tous les autres cas, la décision est réservée au Ministre.

Pertes et dégradations provenant du fait des détenteurs ou occupants.

Art. 216. Lorsqu'il se produit des pertes ou dégradations d'effets, d'objets mobiliers ou de matériel, ou des dégradations au casernement, imputables aux détenteurs ou aux occupants, le commandant de l'établissement ou l'agent principal établit immédiatement un état détaillé et décompté des pertes et dégradations, indiquant à qui elles doivent être imputées.

Le décompte, accompagné d'un rapport détaillé justifiant des responsabilités encourues, est transmis au sous-intendant militaire chargé de la surveillance administrative de l'établissement.

Ce fonctionnaire procède alors à une enquête ayant pour objet de contrôler l'importance des imputations et la répartition des responsabilités; il rédige un rapport personnel contenant ses observations et propositions.

S'il conclut à engager la responsabilité d'un ou plusieurs agents de l'établissement, le dossier est transmis au Ministre; ces agents subissent sur leur solde la retenue prescrite par le décret sur l'administration des corps de troupe.

Si les pertes et dégradations sont rigoureusement imputables à des détenus, l'imputation de leur valeur aux intéressés est prononcée par le directeur de l'intendance du corps d'armée.

Le recouvrement des imputations faites aux détenus est opéré conformément aux dispositions de l'article 191.

Dans le cas où l'on se trouve dans l'impossibilité de désigner personnellement les détenus auteurs des dégradations, la dépense est répartie proportionnellement entre les détenus présents dans l'établissement, ou dans le local, ou dans l'atelier où les dégradations ont été faites.

Justification des sorties de matériel occasionnées par les pertes
ou dégradations.

Art. 217. Les sorties de matériel perdu ou dégradé, soit par **cas de force majeure, soit pour toute autre cause, sont justifiées** dans les comptes-matières par des extraits de procès-verbaux établis conformément aux instructions sur la comptabilité-matières.

Réforme du matériel.

Art. 218. Le matériel, les effets et objets mobiliers figurant dans les comptes-matières des établissements pénitentiaires et qui sont devenus hors de service, par suite d'usure ou de changement de modèle, sont réformés par les soins du général commandant le corps d'armée, conformément aux règles fixées par les instructions spéciales.

Il est produit le 1er mars de chaque année au général commandant le corps d'armée un état détaillé, par service, des objets proposés pour la réforme, sur lequel il mentionne sa décision.

Cependant ces dispositions ne sont pas applicables :

1° Aux effets et objets achetés au compte des masses, qui sont remplacés dès que le commandant de l'établissement les juge absolument inutilisables; dans les prisons militaires, l'agent principal fait approuver par le commandant le remplacement des effets au compte des masses de l'habillement;

2° Aux armes qui, hors d'état d'être réparées sur place, sont versées dans un établissement de l'artillerie, conformément à l'instruction sur le service de l'armement.

Les écritures auxquelles donnent lieu ces réformes et la destination à donner aux objets, effets ou matériel réformés, sont déterminées par les règlements sur la comptabilité des matières et sur l'administration des corps de troupe.

CHAPITRE II.

COMPTABILITÉ.

***

Registres et écritures. — Comptabilité.

Art. 219. Les registres, écritures et opérations auxquels donnent lieu l'administration et la comptabilité des établissements pénitentiaires sont consignés dans les registres ou pièces énumérées dans le tableau ci-après :

NUMÉRO des MODÈLES.	DÉSIGNATION DES REGISTRES ET PIÈCES.	OFFICIERS et AGENTS CHARGÉS de leur tenue ou établissement.
Mod. général.	Registre d'incorporation des officiers.....	Le commandant
Id.	Registre d'incorporation des sous-officiers.	Id.
Id.	Livret matricule des officiers...........	Id.
id.	Livret matricule des sous-officiers........	Id.
Id.	Feuillet du personnel des officiers........	Id.
odèle L.	Feuillet du personnel des sous-officiers...	Id.
Ad libitum.	Registre destiné à l'officier de visite (1) ..	Id.
Mod. des corps	Registre de punitions..................	Id.
Id.	Carnet des déserteurs..................	Id.
Ad libitum.	Registre de correspondance avec le commandement.......	Id.
Mod. VI de l'instruction du 11 juillet 1913.	Contrôle général de l'armement..........	L'offic. d'admin.
Mod. XXI de l'instruction du 11 juillet 1913.	Carnet de munitions...................	Id.
Mod. des corps	Registre des procès-verbaux de visite des armes..................................	Id.
Mod. 20 et 21.	Registres d'écrou (2)..................	Le commandant
Mod. 24.	Contrôles annuels des détenus..........	Id.
Mod. 5.	Registre de moralité des détenus........	Id.
Mod. 23.	Registre de dépôt des bijoux, valeurs et objets dont sont porteurs les hommes écroués..................	L'offic. d'admin.
Ad libitum. (Peut être remplacé par un registre à écrou et barrette renfermant les inventaires.)	Registre de dépôt des effets et objets appartenant aux corps de troupe apportés par les détenus.................	Id.
Mod. des corps	Registre des actes administratifs de l'établissement. ..	Id.
Id.	Registre de correspondance administrative........	Id.
Id.	Registre-journal des recettes et dépenses.	Id.

(1) Dans les prisons seulement.
(2) Fourni par l'administration centrale.

NUMÉRO des MODÈLES.	DÉSIGNATION DES REGISTRES ET PIÈCES.	OFFICIERS et AGENTS CHARGÉS de leur tenue ou établissement.
Mod. 53.	Registre des fonds divers..............	L'offic. d'admin.
Mod 54.	Registre des frais de justice............	Id.
Mod. 52.	Registre de centralisation (modèle des corps)......................	Id.
Mod. des corps	Carnet de caisse.....................	Id.
Id.	Livret de compte courant avec le Trésor.	Id.
Id.	Livret de solde.....................	Id.
Id.	Catalogue des archives................	Id.
Mod. 15 et 16	Livret d'ordinaire et registre auxiliaire..	L'offic. adjoint.
Mod. des corps	Registre des marchés et conventions passés au compte de la masse d'ordinaire.	Id.
Mod. 29.	Registre de cantine...................	L'offic. d'admin.
Mod. 32.	Carnet de travail....................	
Mod. 39.	Compte des fonds partiduliers des détenus....................	L'offic. d'admin.
Mod. 17.	Registre du vaguemestre.	Le vaguemestre
Mod. 26.	Carnet d'entrée et de distribution de timbres trouvés dans les lettres	L'offic. d'admin.
Mod. des corps	Registres des entrées et sorties du matériel appartenant à l'Etat............	Id.
Id.	Registre des matériaux d'emballage.	Id.
Id.	Registre des déplacements..............	Le commandant
Id.	Barème des frais de déplacement........	Id.
Mod. 10 *a* du règlement du 20 mars 1906.	Registre des entrées et sorties du matériel acheté sur les fonds de la masse d'habillement............	L'offic. d'admin.
Ad libitum.	Carnet des matières et objets de consommation courante...................	Id.
Mod. des corps	Livret des échantillons et modèles-types.	Id.
Mod. du règlement sur le service de santé.	Registre des malades à l'infirmerie.......	Le médecin.
	Registre des malades à l'hôpital.........	Id.
	Registre de vaccination	Id.
	Cahier de visite médicale..............	Id.
	Registre des médicaments..............	Id.
Mod. n° 58.	Livret de détention...................	L'offic. d'admin.
	Contrôle du personnel.................	Id.
	Carnet inventaire....................	Le Médecin.

Les registres et imprimés qui ne sont pas fournis par l'administration centrale sont à la charge des frais de bureau des officiers ou agents chargés de tenir et d'établir ces documents.

Aucune dépense d'imprimés ou de fournitures de bureau ne doit être supportée par les sous-officiers employés à la surveillance ou aux écritures.

Dispositions particulières.

Art. 220. Les dispositions particulières concernant soit les registres et documents spéciaux aux établissements pénitentiaires, soit les registres en usage dans les corps ou services qui ont reçu quelques modifications pour être appropriés à l'administration de ces établissements, sont indiquées sur les modèles annexés au présent règlement.

Perceptions d'avances.

Art. 221. Conformément aux dispositions de l'article 170 du règlement du 3 avril 1869, des avances peuvent être perçues dans les pénitenciers et les prisons où il existe des ateliers de travail régis par économie et pour cette partie seulement du service. La perception et le mode de justification de ces avances ont lieu comme il est dit au règlement précité.

Remboursement. — Rapports de liquidation.

Art. 222. Le remboursement des avances faites par l'établissement pénitentiaire pour l'exécution des divers services a lieu dans les conditions et aux époques fixées par le présent règlement ou par celui sur l'administration et la comptabilité intérieure des corps de troupe, sur la production de relevés accompagnés de pièces justificatives. Les dépenses omises dans un relevé sont comprises dans un relevé suivant à établir au titre du même exercice.

Si les dépenses omises concernent le 4ᵉ trimestre, il est établi un relevé supplémentaire au titre de l'exercice auquel les dépenses se rapportent.

Les rapports de liquidation sont établis par les fonctionnaires de l'intendance d'après les dispositions de l'instruction ministérielle du 17 mars 1904.

Situation administrative des détenus.

Art. 223. Le commandant de l'établissement établit, les 1ᵉʳ, 11 et 21 de chaque mois, une situation administrative numérique décadaire (modèle n° 55). L'effectif des détenus y est inscrit quotidiennement. Elle ne comprend, à une date déterminée, que les détenus présents dans la journée précédente, c'est-à-dire ayant eu droit pour cette journée aux allocations qui y sont mentionnées.

L'officier d'administration comptable, et dans les prisons l'agent principal, transcrit provisoirement au crayon, sur une feuille de journées ouverte par ses soins, les inscriptions portées sur la situation administrative.

Dans les cinq jours qui suivent l'expiration de la période décadaire, la situation est envoyée au sous-intendant militaire chargé de la vérification des comptes de l'établissement, accompagnée des pièces à l'appui et d'un bulletin faisant connaître l'effectif au dernier jour de la dizaine. Le sous-intendant militaire conserve ce bulletin pour la vérification de la dizaine suivante.

Les inscriptions provisoires de la feuille de journées sont rectifiées, s'il y a lieu, et rendues définitives lors du retour de la situation administrative à l'établissement.

Feuille de journées trimestrielle.

Art. 224. Pour constater les droits de l'établissement aux diverses prestations en deniers et en nature, il est tenu pour les détenus une feuille de journées numérique trimestrielle conforme au modèle 56 ci-annexé.

Décompte de libération des prestations acquises.

Art. 225. Le décompte de libération des prestations acquises à l'établissement, autres que celles de l'habillement, du couchage et de l'ameublement, figure sur la feuille de journées trimestrielle dans des tableaux spéciaux.

Ces tableaux présentent distinctement le décompte des allocations en deniers (allocations d'ordinaire et frais de bureau) et celui des fournitures en nature.

Cette feuille de journées est mise à l'appui de l'état de liquidation établi par le sous-intendant militaire au titre de la justice militaire; une expédition est conservée par le sous-intendant militaire.

Comptes.

Art. 226. Les comptes et écritures des établissements pénitentiaires comprennent, en outre de ceux qui doivent être produits en vertu des dispositions spéciales qui figurent aux titres précédents du présent règlement :

Les revues générales de liquidation du service de la solde (1re partie);

Le relevé sommaire et annuel du registre de centralisation;

Les comptes de gestion de la justice militaire, de l'habillement et du campement, du couchage et de l'ameublement et des services de l'artillerie et du génie.

Ces documents sont établis par le commandant de l'établissement ou l'agent principal, d'après les règles, dans les formes et les délais prescrits pour les corps de troupe.

Le relevé sommaire annuel du registre de centralisation est remis annuellement au sous-intendant militaire, qui le vérifie, l'arrête et le fait parvenir au directeur de l'intendance suivant les prescriptions du règlement sur l'administration et la comptabilité intérieure des corps de troupe.

Ce document est transmis au Ministre, sous le timbre de la direction du contentieux et de la justice militaire.

Les comptes de gestion de la justice militaire, de l'habillement et du campement, du couchage et de l'ameublement, de l'artillerie et du génie sont vérifiés par le sous-intendant et transmis au Ministre par le directeur de l'intendance sous le timbre du service auquel chacun d'eux ressortit.

Dispositions spéciales concernant les condamnés provenant
des corps de l'armée coloniale et de la marine.

Art. 227. Dans les établissements où se trouvent des détenus appartenant à des corps de l'armée coloniale ou à la marine, il n'est tenu qu'une seule situation administrative numérique, mais cette situation fait ressortir, dans des colonnes spéciales, le nombre des journées de présence de ces hommes.

Il est ouvert, à cet effet, trois colonnes pourvues des mentions suivantes : « 1° Journées de présence des hommes de l'armée coloniale appartenant à des unités stationnées en France, en Algérie, en Tunisie ou au Maroc; 2° journées de présence des hommes de l'armée coloniale appartenant à des unités stationnées dans les colonies ou pays de protectorat; 3° journées de présence des hommes de la marine. »

Enfin, le sous-intendant militaire arrête en toutes lettres, à la suite des allocations en journées ou en nature, les nombres de journées de présence de ces hommes.

Par suite, il n'est tenu, dans ce cas, qu'une seule feuille de journées qui porte, dans des colonnes pourvues du titre nécessaire, l'inscription du nombre de journées de présence des hommes de ces diverses origines. La totalisation de ces nombres figure de même à la récapitulation trimestrielle.

Il n'est tenu aucune autre écriture accessoire au sujet de la présence des hommes en question dans les établissements pénitentiaires.

Les commandants de pénitenciers et les agents principaux joignent aux feuilles de journées trimestrielles adressées au sous-intendant militaire un état numérique (modèle 57) constatant le nombre de journées de présence des hommes des différents corps et le décompte des frais de séjour.

Le sous-intendant militaire, après vérification, adresse cet état à l'administration centrale (Direction du Contentieux et de la Justice militaire; Bureau de la Justice militaire), qui poursuit le remboursement au budget de la guerre du montant des frais de séjour.

Remboursement des frais d'entretien des indigènes détenus dans les établissements d'Algérie, de Tunisie et du Maroc.

Art. 228. Dans les établissements d'Algérie, de Tunisie et du Maroc qui ont reçu des indigènes, il est pareillement joint aux feuilles de journées trimestrielles des états du modèle précité, distincts pour les territoires du Nord et les territoires du Sud, pour servir au remboursement, au budget de la guerre, des frais d'entretien.

Ce remboursement est poursuivi, à la diligence du directeur de l'intendance de chaque division. Il est adressé au Ministre, à l'appui des récépissés de versement au Trésor, une ampliation de l'ordre de versement et un relevé indiquant par établissement le nombre de journées de séjour.

CHAPITRE III.

Vérification et régularisation des comptes. — Surveillance administrative. — Action des fonctionnaires de l'intendance et des généraux commandants.

Art. 229. Au point de vue de la vérification des comptes, les fonctionnaires de l'intendance exercent, sur les établissements pénitentiaires, la même action que sur les corps de troupe. Cette action s'étend, en outre, à la comptabilité des ordinaires, au produit de la main-d'œuvre et à la gestion des fonds particuliers des détenus.

La surveillance administrative est assurée par les généraux gouverneurs militaires ou commandants de corps d'armée dans les mêmes conditions que pour les corps de troupe placés sous leur commandement. Ils peuvent déléguer leurs pouvoirs, à ce sujet, aux fonctionnaires de l'intendance.

ANNEXES.

1º Divers articles du Code d'instruction criminelle et du Code pénal.

Articles 608, 609, 610 du Code d'instruction criminelle.

Art. 608. Tout exécuteur de mandat d'arrêt, d'ordonnance de prise de corps, d'arrêt ou de jugement de condamnation est tenu, avant de remettre au gardien la personne qu'il conduira, de faire inscrire sur le registre l'acte dont il sera porteur; l'acte de remise sera écrit devant lui. Le tout sera signé tant par lui que par le gardien. Le gardien lui en remettra une copie signée de lui, pour sa décharge.

Art. 609. Nul gardien ne pourra, à peine d'être poursuivi et puni comme coupable de détention arbitraire, recevoir ni retenir aucune personne qu'en vertu soit d'un mandat de dépôt, soit d'un mandat d'arrêt décerné selon les formes prescrites par la loi, soit d'un arrêt de renvoi devant la cour d'assises, d'un décret d'accusation ou d'un arrêt ou jugement de condamnation à peine afflictive ou à un emprisonnement, et sans que la transcription en ait été faite sur son registre.

Art. 610. Le registre ci-dessus mentionné contiendra également, en marge de l'acte de remise, la date de la sortie du prisonnier, ainsi que l'ordonnance, l'arrêt ou le jugement en vertu duquel elle aura lieu.

Articles 120, 177, 179 et 443 du Code pénal.

Art. 120. Les gardiens et concierges des maisons de dépôt, d'arrêt de justice ou de peine, qui auront reçu un prisonnier sans mandat ou jugement, ou sans ordres provisoires du gouvernement; ceux qui l'auront retenu, ou auront refusé de le présenter à l'officier de police ou au porteur de ses ordres, sans justifier de la défense du procureur de la République ou du juge; ceux qui auront refusé d'exhiber leurs registres à l'officier de police, seront, comme coupables de détention arbitraire, punis de six mois à deux ans d'emprisonnement et d'une amende de seize à deux cents francs.

Art. 177. Tout fonctionnaire public de l'ordre administratif ou judiciaire, tout agent ou préposé d'une administration publique, qui aura agréé des offres ou promesses, ou reçu des dons ou présents, pour faire un acte de sa fonction ou de son emploi, même juste, mais non sujet à salaire, sera puni de la dégradation civique et condamné à une amende double de la valeur des promesses agréées ou des choses reçues, sans que ladite amende puisse être inférieure à deux cents francs

La présente disposition est applicable à tout fonctionnaire, agent ou préposé de la qualité ci-dessus exprimée, qui, par offres ou promesses agréées, dons ou présents reçus, se sera abstenu de faire un acte qui entrait dans l'ordre de ses devoirs...

. . . .

. . . .

Art 179. Quiconque aura contraint ou tenté de contraindre par voies de fait ou menaces, corrompu ou tenté de corrompre par promesses, offres, dons ou présents, l'une des personnes de la qualité exprimée en l'article 177, pour obtenir soit une opinion favorable, soit des procès-verbaux, états, certificats ou estimations contraires à la vérité, soit des places, emplois, adjudications, entreprises ou autres bénéfices quelconques, soit tout autre acte du ministère du fonctionnaire, agent ou préposé, soit enfin l'abstention d'un acte qui rentrait dans l'exercice de ses devoirs, sera puni des mêmes peines que la personne corrompue.

Toutefois, si les tentatives de contrainte ou corruption n'ont eu aucun effet, les auteurs de ces tentatives seront simplement punis d'un emprisonnement de trois mois au moins et de six mois au plus et d'une amende de cent francs à trois cents francs.

Art. 443. Quiconque, à l'aide d'une liqueur corrosive ou par tout autre moyen, aura volontairement détérioré des marchandises, matières ou instruments quelconques servant à la fabrication, sera puni d'un emprisonnement d'un mois à deux ans et d'une amende qui ne pourra excéder le quart des dommages-intérêts, ni être moindre de seize francs.

Si le délit a été commis par un ouvrier de la fabrique ou par un commis de la maison de commerce, l'emprisonnement sera de deux à cinq ans, sans préjudice de l'amende, ainsi qu'il vient d'être dit. (L. 13 mai 1863.)

2º Tableau des pénitenciers et prisons militaires.

Pénitenciers militaires.

Albertville,
Kenitra (provisoirement Sidi-Ali d'Azemmour).
Orléansville,
Teboursouk.

Prisons militaires.

Paris,	Metz,
Lyon,	Alger,
Tours,	Oran,
Marseille,	Constantine,
Le Mans,	Tunis.
Montpellier,	Casablanca,
Bordeaux,	Meknès,
Strasbourg,	Taza.

3° Répartition, dans les établissements pénitentiaires militaires, des prévenus et des condamnés à l'emprisonnement et aux travaux publi[cs]

GOUVERNEMENTS MILITAIRES ET RÉGIONS.	PRÉVENUS	CONDAMNÉS AUX TRAVAUX PUBLICS		Condamnés ayant à devenu Jusqu'à un an inclus.	CONDAMNÉS À L'EMPRISONNEMENT			
					1re CATÉGORIE. subir, à la date où le jugement est définitif, un reliquat de peine Plus d'un an.		2e CATÉGORIE.	
		EUROPÉENS.	INDIGÈNES.		Européens.	Indigènes.	Européens.	Indigènes.
Gouvernement militaire de Paris......	Paris	Albertville.	Albertville.	Paris.	Albertville.	Albertville.	Paris.	Paris.
Gouvernement militaire de Lyon......	Lyon.	Id.	Id.	Lyon.	Id.	Id.	Lyon.	Lyon.
Gouvernement militaire de Metz.......	Metz.	Id.	Id.	Metz.	Id.	Id.	Id.	Id.
Gouvernement militaire de Strasbourg.	Strasbourg	Id.	Id.	Strasbourg.	Id.	Id.	Id.	Id.
1re région............	Maison arrêt de Lille.	Id.	Id.	Paris.	Id.	Id.	Paris.	Paris.
2e —	Maison arrêt Amiens.	Id.	Id.	Id.	Id.	Id.	Id.	Id.
3e —	Maison arrêt Rouen.	Id.	Id.	Id.	Id.	Id.	Id.	Id.
4e —	Le Mans.	Id.	Id.	Le Mans.	Id.	Id.	Le Mans.	Le Mans.
5e —	Maison arrêt Orléans.	Id.	Id.	Paris.	Id.	Id.	Paris.	Paris.
6e —	Metz.	Id.	Id.	Metz.	Id.	Id.	Lyon.	Lyon.
7e —	Maison arrêt Besançon.	Id.	Id.	Lyon.	Id.	Id.	Id.	Id.
8e —	Maison arrêt Bourges.	Id.	Id.	Id.	Id.	Id.	Le Mans.	Le Mans.
9e —	Tours.	Id.	Id.	Tours.	Id.	Id.	Id.	Id.
10e —	Maison arrêt Rennes.	Id.	Id.	Le Mans.	Id.	Id.	Id.	Id.
11e —	Maison arrêt Nantes.	Id.	Id.	Id.	Id.	Id.	Id.	Id.
12e —	Maison arrêt Limoges.	Id.	Id.	Bordeaux.	Id.	Id.	Lyon.	Lyon.
13e —	Maison arrêt Clermont-Ferrand	Id.	Id.	Lyon.	Id.	Id.	Id.	Id.
14e —	Lyon.	Id.	Id.	Id.	Id.	Id.	Id.	Id.
15e —	Marseille.	Id.	Id.	Marseille.	Id.	Id.	Id.	Id.
16e —	Montpellier.	Id.	Id.	Montpellier.	Id.	Id.	Id.	Id.
17e —	Maison arrêt Toulouse.	Id.	Id.	Bordeaux.	Id.	Id.	Le Mans.	Le Mans.
18e —	Bordeaux.	Id.	Id.	Id.	Id.	Id.	Id.	Id.
20e —	Maison arrêt Nancy.	Id.	Id.	Strasbourg.	Id.	Id.	Lyon.	Lyon.
Armée du Rhin....	Prisons prévôtales.	Id.	Id.	Id.	Id.	Id.	Id.	Id.
19e région. Division d'Alger.........	Alger.	Orléansville.	Orléansville.	Alger.	Orléansville.	Alger.	Orléansville.	Alger.
Division d'Oran......	Oran.	Id.	Id.	Oran.	Id.	Oran.	Id.	Oran.
Division de Constantine.	Constantine.	Id.	Id.	Constantine.	Id.	Constantine.	Id.	Constantine.
Division d'occupation de Tunisie......	Tunis.	Téboursouk.	Téboursouk.	Tunis.	Téboursouk.	Téboursouk.	Téboursouk.	Téboursouk.
Maroc. Casablanca. ...	Casablanca.	Kenitra.	Kenitra.	Casablanca.	Kenitra.	Kenitra.	Kenitra.	Kenitra.
Meknès.......	Meknès.	Id.	Id.	Meknès.	Id.	Id.	Id.	Id.
Taza.	Taza.	Id.	Id.	Taza.	Id.	Id.	Id.	Id.
Armée du Levant.....	Prisons prévôtales.	Albertville.	Albertville.	Prisons prévôtales.	Albertville.	Albertville.	Lyon	Lyon.

CRÉOLES. — Les créoles recevro[nt] les destinations [ci-a]près :

1° Condamnés par l[es] conseils de guerre [de] l'Afrique du Nord [:] même destination p[é]nale que les militair[es] français ;

2° Condamnés par l[es] conseils de guerre [de] la métropole et de l'[ar]mée du Rhin ou p[ar] des conseils de guer[re] des colonies et dirig[és] sur la métropole, [i]ront y subir leur pein[e à la] prison militaire de Bo[r]deaux.

4° Dispositions diverses.

*Décret fixant le tarif des indemnités annuelles de frais de bureau
revenant au personnel des établissements pénitentiaires militaires et du dépôt des sections métropolitaines d'exclus, à partir du 1ᵉʳ janvier 1903, et payables sur les crédits affectés à
ces établissements.*

Paris, le 28 octobre 1902.

Rapport au Président de la République française.

Monsieur le Président,

Les officiers commandant les établissements pénitentiaires
militaires, ainsi que les officiers d'administration ou agents principaux de ces établissements, perçoivent des frais de bureau dont
le montant est fixé par un tarif annexé à l'instruction du 10 décembre 1900 sur les établissements pénitentiaires militaires.
(Voir pages 120 et 121.)

Au moyen de ces allocations, ils sont tenus de pourvoir à
l'achat des registres, imprimés et fournitures de bureau qui leur
sont nécessaires pour l'exécution de leur service, à l'exception
de certains imprimés d'un usage général qui leur sont délivrés
gratuitement par l'administration de la guerre.

Il a été reconnu que les effectifs des prisons militaires ont subi,
dans ces derniers temps, des modifications assez importantes par
suite, d'une part, de l'application de la loi du 19 juillet 1901 sur
l'admission des circonstances atténuantes, d'autre part, du ratta-
chement des troupes coloniales au Département de la guerre et,
enfin, des dispositions qui ont été adoptées pour réaliser aussi
complètement que possible la séparation des condamnés pour
crimes ou délits de droit commun d'avec ceux détenus pour
crimes ou délits exclusivement militaires.

Il en est résulté que le tarif des frais de bureau, actuellement
en vigueur pour les officiers d'administration comptables et les
agents principaux, ne correspond plus exactement aux dépenses
réellement supportées par les intéressés et que, dans plusieurs
cas, les sommes actuellement perçues par eux sont supérieures à
ces dépenses. Or, il est de règle que les allocations pour frais de

bureau ne doivent pas avoir le caractère d'un supplément de solde, mais correspondre aux besoins effectifs.

J'ai donc fait préparer un tarif nouveau qui procurera au Trésor une économie annuelle de 2.000 francs environ, et j'estime que ce nouveau tarif pourrait entrer en vigueur à partir du 1er janvier prochain.

Si vous approuvez ces propositions, j'ai l'honneur de vous prier de vouloir bien revêtir de votre signature le présent rapport.

TARIF des indemnités annuelles de frais de bureau revenant au personnel des établissements pénitentiaires militaires et du dépôt des sections métropolitaines d'exclus, à partir du 1ᵉʳ janvier 1903, et payables sur les crédits affectés à ces établissements.

DÉSIGNATION DES PARTIES PRENANTES.	INDEMNITÉ de FRAIS DE BUREAU			OBSERVATIONS.
	par an.	par mois.	par jour.	
	francs.	fr. c.	fr. c.	
I. — PÉNITENCIERS, DÉPOT DES SECTIONS MÉTROPOLITAINES D'EXCLUS.				
Officier com-mandant.... (Commandant... / Capitaine.......)	144	12 00	0 40	Les règles d'allocation à appliquer au sujet de l'indemnité de frais de bureau sont celles indiquées au tableau n° 2 du règlement du 10 janvier 1912.
Officier adjoint au comman-dant........ (Lieutenant..... / Sous-lieutenant.)	126	10 50	0 35	
Officier d'administration comptable......................	612	51 00	1 70	
II. — PRISONS MILITAIRES.				
Agents principaux (1) :				(1) L'effectif moyen servant de base à la perception de l'indemnité de frais de bureau pendant un trimestre est l'effectif moyen réalisé pendant le trimestre précédent obtenu en divisant le nombre total de journées de présence résultant des inscriptions portées sur la feuille de journée numérique trimestrielle par le nombre de jours de ce trimestre.
Prisons ayant un effectif moyen de déte-nus......... (Inférieur ou égal à 40..........	198	16 50	0 55	
de 41 à 70.......	252	21 00	0 70	
Supérieur à 70..	288	24 00	0 80	
Supplément alloué à l'agent principal de la prison militaire de Montpellier pour l'administration de l'annexe de Collioure et du dépôt des sections métropolitaines d'exclus............	108	9 00	0 30	

Décret relatif à l'indemnité de fonctions des agents principaux des prisons militaires.

Paris, le 5 juillet 1909.

Le Président de la République française,

Vu le décret du 26 février 1900, sur les établissements pénitentiaires militaires;

Vu le décret en date de ce jour, créant une indemnité de fonctions pour les agents principaux des prisons militaires;

Sur le rapport du Ministre de la guerre,

Décrète :

Art. 1er. Les agents principaux des prisons militaires perçoivent, sur les crédits des établissements pénitentiaires militaires, une indemnité de fonctions comportant une portion fixe de 360 francs par an et une portion variable calculée sur les bases des 5 p. 100 du produit du travail des détenus de l'établissement, sans que le montant total puisse dépasser 1.000 francs.

Cette indemnité est payable mensuellement et à terme échu, par mandat du sous-intendant, appuyé d'un état décompté indiquant distinctement la portion fixe et la quotité proportionnelle au produit du travail.

En cas d'absence de l'agent principal, non motivée par le service, l'indemnité de fonctions est due à l'intérimaire régulièrement désigné par le commandant d'armes.

Art. 2. Les dispositions qui précèdent auront leur effet à compter du 1er janvier 1910.

A partir de cette date, la prime de surveillance allouée antérieurement aux agents principaux et aux adjudants greffiers des prisons militaires sera supprimée.

Art. 3. Le Ministre de la guerre et le Ministre des finances sont chargés, chacun en ce qui le concerne, de l'exécution du présent décret.

---

*Circulaire portant envoi d'une instruction morale pour les gradés
des corps de discipline et des établissements pénitentiaires.*

Paris, le 2 novembre 1902.

Le Ministre de la guerre à MM. les Gouverneurs militaires de Paris et de
Lyon; les Généraux commandant les corps d'armée; le Général commandant la division d'occupation de Tunisie.

Mon cher Général,

Les observations auxquelles a donné lieu le fonctionnement
des établissements pénitentiaires et des divers corps disciplinaires de l'armée m'ont amené à reconnaître la nécessité d'apporter à l'organisation et au régime intérieur de ces corps et
établissements certaines modifications qui ont fait l'objet des
décrets du 26 septembre et du 2 novembre 1902, lesquels vont
être complétés par des instructions qui vous seront prochaine-
ment notifiées.

Mais, des modifications aux règlements ne seraient pas suf-
fisantes pour remédier aux inconvénients signalés, et, pour
atteindre le mal dans sa racine, il est indispensable que l'attention des cadres soit appelée sur une partie de leur tâche, qu'ils
semblent avoir négligée jusqu'ici, pour consacrer exclusivement
au maintien de l'ordre et de la discipline les qualités d'énergie et
de dévouement que tout le monde leur reconnaît et auxquelles je
rends pleine justice.

Je veux parler du côté moral de leur mission, de l'esprit dans
lequel ils doivent appliquer les règlements mis à leur disposition.

Qu'il s'agisse de militaires accomplissant une peine, de condamnés placés dans les bataillons d'Afrique pour y subir un
certain temps d'observation avant leur rentrée dans les corps de
troupe, ou de soldats envoyés par punition dans les compagnies
de discipline, le même devoir s'impose aux cadres :

Poursuivre plutôt l'amendement que la répression;

Faire servir, quand le coupable a des fautes à expier, cette
expiation même à son relèvement;

Ne pas se considérer, dans la lutte inévitable qui se produit
entre le détenu et son gardien, comme chargés uniquement de
paralyser par la force les mauvais instincts, mais aussi de déve-
lopper les bons par la persuasion et par un parti pris de bienveillance que les révoltes les plus tenaces n'arrivent pas à
rebuter.

Afin de guider dans cette tâche les gradés des corps d'épreuve et des établissements pénitentiaires, j'ai fait préparer l'instruction morale ci-jointe qui s'adresse aux cadres, officiers et troupe, tant des prisons, pénitenciers et ateliers de travaux publics, que des bataillons d'infanterie légère d'Afrique, des sections d'exclus et des compagnies de discipline métropolitaines et coloniales.

C'est selon les idées générales exposées dans cette instruction que l'on devra, dans chaque catégorie de corps ou établissement, appliquer le règlement spécial qui la concerne et combiner les moyens d'action, de répression et de récompense prévus par ce règlement.

J'ai l'honneur de vous prier, mon cher Général, de donner des ordres pour que cette instruction soit communiquée à tous les gradés sans exception, que les chefs de corps ou d'établissement qui, j'en suis sûr, comprendront son but et sa portée, en développent les principes dans des conférences à leurs subordonnés et que les officiers généraux chargés de la surveillance des corps et établissements dont il s'agit tiennent la main à son exécution.

INSTRUCTION MORALE POUR LES GRADÉS DES CORPS DE DISCIPLINE ET DES ÉTABLISSEMENTS PÉNITENTIAIRES.

Le premier devoir des gradés des corps de discipline et des établissements pénitentiaires est de s'attacher à bien connaître les hommes qui leur sont envoyés, afin de traiter chacun suivant son âge, son intelligence, ses tendances et son caractère.

. Il y a lieu, dans la plupart des cas, de considérer les disciplinaires et les détenus non comme des incorrigibles, mais comme des victimes d'un cerveau déséquilibré.

On ne doit pas oublier que les sentiments d'honneur et de famille ne sont jamais complètement éteints dans une âme et qu'une bonne parole dite à propos contribue, plus que des punitions accumulées, à ramener au bien des hommes qui, pour beaucoup, ont été constamment aux prises avec l'adversité.

Les réprimandes doivent être faites avec discernement, sans brusquerie ni propos grossiers.

Les châtiments corporels doivent être rigoureusement proscrits au nom de l'humanité. Ils constituent un traitement dégradant dont la tache rejaillit sur l'autorité qui l'a prescrit.

Tout coupable, qulele que soit la peine à laquelle la loi militaire ou civile l'a condamné, doit pouvoir à toute heure réaliser sa réhabilitation.

Celle-ci ne doit pas cesser un seul instant de lui être offerte, même au moment où sa conscience semble s'effondrer à tout jamais.

Dans les corps de discipline et dans les établissements pénitentiaires, le sentiment qui doit dominer tous les autres, c'est l'espérance, dont la notion doit être soigneusement maintenue, même dans les circonstances les plus critiques. Quand un homme donne des marques de l'énervement produit très fréquemment par la privation de la liberté, il faut que le gradé ou le surveillant, au nom de cette espérance qu'il est essentiel de ne pas détruire, sache, à propos, ne rien voir ou ne rien entendre, et apporter à la parole grossière, au geste insultant, son inaltérable sang-froid.

Le relèvement des disciplinaires, d'hommes qui ont encore la qualité de soldat, doit se poursuivre par le mouvement (marches et exercices militaires). Celui des détenus doit s'opérer par le travail manuel, ce puissant facteur de la réhabilitation.

Pour les uns et pour les autres, l'action moralisatrice sera complétée par des théories qui seront le développement des grandes maximes de l'honneur et de la vertu et dans lesquelles on mettra en relief, par des exemples toujours faciles à trouver, les relèvements faisant suite aux extrêmes défaillances.

En résumé, les corps de discipline et les établissements pénitentiaires doivent être, par-dessus tout, des écoles de redressement dans lesquelles les gradés, profondément pénétrés de leur grand rôle de moralisateurs, ne perdront jamais de vue que leur tâche la plus élevée et la plus digne consiste à montrer aux consciences égarées la voie du repentir, à aider les coupables à obtenir de la société leur pardon définitif.

Circulaire relative à l'application de l'instruction morale du 2 novembre 1902.

Paris, le 30 avril 1920.

Au moment où l'organisation des établissements pénitentiaires va se stabiliser à nouveau par la diminution du nombre des détenus et l'augmentation des gradés du cadre permanent de la justice militaire, je crois devoir vous rappeler l'intérêt qui s'attache à l'observation la plus complète des principes de commandement contenus dans l'instruction morale du 2 novembre 1902 (volume 57 de l'édition méthodique du *Bulletin officiel*).

La population pénitentiaire actuelle est composée en majeure partie d'hommes qui ont fait la guerre pendant plusieurs années et parfois dans des conditions honorables. Les fautes qu'ils ont commises ont pu avoir pour seule cause une grande lassitude ou un manque de force morale. Il importe donc, tout en assurant la plus stricte discipline, de traiter ces hommes de telle manière que la pensée d'un relèvement et l'espoir d'une proche libération ne les abandonne pas.

Dans leurs cœurs, plus encore que dans ceux des détenus ordinaires, les sentiments d'honneur et de famille ne sont pas éteints. En y faisant appel à juste propos, les gradés contribueront à ramener vers le bien les hommes qui leur sont confiés. Ils leur feront comprendre ainsi la nécessité d'une sévère répression qui ne sera pas aggravée par des rigueurs inutiles; ils entraveront l'œuvre néfaste à laquelle pourraient se livrer les condamnés après leur libération en grossissant le nombre de ceux qui sont habituellement rebelles à la loi.

L'application scrupuleuse des règles de la circulaire du 2 novembre 1902 améliorera dans une très large mesure la condition morale des détenus; elle fortifiera la discipline qui ne peut être obtenue par la seule crainte des châtiments. Elle donnera aux condamnés le sentiment de dignité qui ne doit jamais abandonner l'homme même dans les conditions les plus misérables.

Vous voudrez bien également rappeler aux commandants d'établissements que, pour exercer une action morale réellement efficace, il est nécessaire de donner tout d'abord satisfaction aux besoins matériels indispensables et de combattre l'oisiveté par tous moyens.

Les autorités chargées de la surveillance des établissements pénitentiaires, et en particulier les généraux commandant les subdivisions, devront s'assurer que les prescriptions ci-dessus ainsi que les principes posés par la circulaire du 2 novembre 1902 ont été portés à la connaissance de tous les gradés, qui devront être mis en possession d'un exemplaire de chacune des deux circulaires.

Circulaire relative au service médical dans les établissements pénitentiaires militaires.

Paris, le 3 avril 1925.

Le volume 57 (*Bulletin officiel*, édition méthodique, Etablissements pénitentiaires militaires) a défini (articles 118 à 126) les conditions d'exécution du Service de Santé dans les établissements pénitentiaires. Les articles 83 à 86 du volume 57⁴ ont visé également l'hygiène dans les sections métropolitaines d'exclus.

Une inspection récente ayant permis de constater que ces prescriptions réglementaires avaient parfois été perdues de vue, vous voudrez bien rappeler à leur stricte exécution tous les médecins chargés du service dans les établissements pénitentiaires.

Le directeur du Service de Santé procédera à une visite immédiate de tous les établissements pénitentiaires (prisons, pénitenciers, sections d'exclus) situés sur le territoire du corps d'armée et s'assurera que les infirmeries y sont aménagées de façon à satisfaire à tous les besoins. Les insuffisances de matériel seront comblées immédiatement; toutes celles relatives à l'hygiène (bains-douches, lavabos, latrines) feront l'objet de sa part d'un compte rendu et de propositions qui vous seront adressées.

Dans les pénitenciers militaires, un sous-officier du cadre de la justice militaire (sergent-major comptable) sera désigné pour remplir les fonctions de gradé de l'infirmerie; il sera assisté, pour l'exécution du service, par un ou plusieurs infirmiers détachés d'un corps de troupe et ayant accompli, au préalable, un stage dans un hôpital militaire ou dans les salles militaires d'un hospice mixte.

Les médecins devront toujours avoir présent à l'esprit que les condamnés sont fréquemment des tarés physiques ou mentaux. Toutes ces tares devront être enregistrées avec soin sur le livret médical qui doit suivre l'homme dans toutes ses mutations successives.

De plus, ils ne devront pas perdre de vue le dépistage précoce de la tuberculose dans ce milieu spécial, ainsi que dans la surveillance des détenus ou condamnés atteints de maladies vénériennes et, en particulier, de syphilis, pour que les traitements réguliers leur soient systématiquement appliqués. Les prescriptions actuellement en vigueur à ce sujet seront rappelées, particulièrement en ce qui concerne la transmission du carnet de traitement du syphilitique. Ils veilleront, en outre, à la propreté corporelle des détenus. Tout homme arrivant au pénitencier sera présenté au médecin. Les hommes non malades, mais punis de cellule, seront visités chaque jour.

Toutes les fois qu'un malade régulièrement inscrit sur le cahier de visite journalière en fera la demande au médecin, il pourra être entendu par lui, en dehors de toute présence étrangère.

Au point de vue personnel, on désignera, de préférence, pour assurer le service médical des établissements, des médecins militaires anciens dont l'action morale, basée sur une assez longue expérience, est susceptible d'intervenir heureusement dans ce milieu spécial, en collaboration constante avec le commandement.

Un médecin militaire du cadre actif sera affecté comme médecin-chef de chacun des pénitenciers militaires suivants :

Albertville, Orléansville, Teboursouk, Dar-Bel-Hamri et ultérieurement Kénitra.

Ce médecin concourra également au service de place.

Enfin, les médecins-chefs des centres de neuro-psychiâtrie, dans les corps d'armée qui en seront pourvus, feront tous les trois mois dans les établissements pénitentiaires situés sur le territoire du corps d'armée, une visite ayant pour but le dépistage des malades présentant des troubles mentaux. Ceux des malades pour lesquels la chose sera reconnue nécessaire, seront envoyés en observation sur le centre régional de neuro-psychiâtrie. Dans les corps d'armée ne possédant pas de centre spécial, on désignera, pour cette visite périodique, un médecin principal ou médecin-major de 1re classe, chef d'un service hospitalier et autant que possible médecin des hôpitaux militaires. Des propositions d'évacuation seront adressées à l'administration centrale dans la forme habituelle pour les malades qu'il y aurait lieu de diriger sur un centre de neuro-psychiâtrie.

TABLES.

TABLE DES MATIÈRES.

TITRE Iᵉʳ.

ORGANISATION GÉNÉRALE DES ÉTABLISSEMENTS PÉNITENTIAIRES.

CHAPITRE Iᵉʳ.

ÉTABLISSEMENTS PÉNITENTIAIRES. — RÉGIME. — RÉPARTITION
DES CONDAMNÉS.

CHAPITRE II.

COMMANDEMENT SUPÉRIEUR, SURVEILLANCE ET ADMINISTRATION
DES ÉTABLISSEMENTS PÉNITENTIAIRES.

CHAPITRE III.

COMPOSITION, ATTRIBUTIONS ET OBLIGATIONS DU PERSONNEL.

Attributions du personnel dans les pénitenciers.

CHAPITRE IV.

BATIMENTS.

TITRE II.

FONCTIONNEMENT DES ÉTABLISSEMENTS PÉNITENTIAIRES.

CHAPITRE I".

ADMISSION ET SORTIE DES DÉTENUS. — GRÂCES ET RÉDUCTIONS DE PEINES. RÉPARTITION DES CONDAMNÉS.

§ 1". — *Dispositions générales.*

§ 2. — *Dispositions spéciales aux militaires détenus dans les prisons à titre préventif.*

§ 3. — *Dispositions concernant les condamnés.*

§ 4. — *Dispositions concernant les passagers.*

CHAPITRE II.

SERVICE INTÉRIEUR DES ÉTABLISSEMENTS PÉNITENTIAIRES.

§ 1er. — *Service journalier. Repos. Soins de propreté. Travaux.*

§ 2. — *Police et discipline.*

1° Mesures d'ordre intérieur.

2° Punitions des détenus.

3° Réclamations.

4° Gardes de police.

§ 3. — *Entrées et sorties. — Visites.*

§ 4. — *Correspondance des détenus.*

§ 5. — *Service de santé. — Hygiène.*

§ 6. — *Exercices des cultes.*

§ 7. — *Enseignement primaire élémentaire.*

CHAPITRE III.

ALIMENTATION.

CHAPITRE IV.

HABILLEMENT ET CAMPEMENT.

CHAPITRE V.

COUCHAGE ET AMEUBLEMENT.

CHAPITRE VI.

CHAUFFAGE ET ÉCLAIRAGE.

§ 1ᵉʳ. — *Chauffage.*

§ 2. — *Eclairage.*

CHAPITRE VII.

BLANCHISSAGE.

CHAPITRE VIII.

ARMEMENT.

CHAPITRE IX.

EMPLOI DE LA MAIN-D'OEUVRE PÉNITENTIAIRE.

CHAPITRE X.

FONDS PARTICULIER DES DÉTENUS.

TITRE III.

ADMINISTRATION ET COMPTABILITÉ.

CHAPITRE Iᵉʳ.

ADMINISTRATION.

CHAPITRE II.

COMPTABILITÉ.

CHAPITRE III.

ANNEXES.

DISPOSITIONS DIVERSES.

TABLE CHRONOLOGIQUE.

TABLE ALPHABÉTIQUE.

A

B

C

Pages.

Imprimerie militaire

CHARLES-LAVAUZELLE & C⁚ᵉ

PARIS, LIMOGES, NANCY

www.ingramcontent.com/pod-product-compliance
Ingram Content Group UK Ltd.
Pitfield, Milton Keynes, MK11 3LW, UK
UKHW022038070726
13613UKWH00002B/582